外国史丛书

外国史丛书

顾问　齐世荣
编委会主任　钱乘旦　王明舟　张黎明

编委会
陈志强　董正华　高　毅　郭小凌
哈全安　侯建新　黄　洋　李安山
李剑鸣　刘北成　彭小瑜　王新生
吴宇虹　向　荣　徐　蓝　杨书澜

（按姓名拼音排序）

本书责任编委
李剑鸣

美国改革
的故事

李颜伟 著

MEIGUO GAIGE DE GUSHI

图书在版编目(CIP)数据

美国改革的故事/李颜伟著.—北京:北京大学出版社,2009.1
(未名外国史丛书)
ISBN 978-7-301-14807-5

Ⅰ.美… Ⅱ.李… Ⅲ.改革-历史-美国-近代-普及读物 Ⅳ.K712.509

中国版本图书馆 CIP 数据核字(2008)第 199326 号

书　　　名：	**美国改革的故事**
著作责任者：	李颜伟　著
丛 书 策 划：	杨书澜
丛 书 执 行：	闵艳芸
责 任 编 辑：	闵艳芸
封 面 设 计：	春天书装
标 准 书 号：	ISBN 978-7-301-14807-5/K·0567
出 版 发 行：	北京大学出版社
地　　　址：	北京市海淀区成府路205号　100871
网　　　址：	http://www.pup.cn
电　　　话：	邮购部 62752015　发行部 62750672　编辑部 62750673
	出版部 62754962
电 子 邮 箱：	minyanyun@163.com
印 　刷 　者：	世界知识印刷厂
经 　销 　者：	新华书店
	890 毫米×1240 毫米　A5　8.125 印张　230 千字
	2009 年 1 月第 1 版　2010 年 11 月第 2 次印刷
定　　　价：	25.00 元

未经许可,不得以任何方式复制或抄袭本书之部分或全部内容。
版权所有,侵权必究
举报电话:010-62752024　电子邮箱:fd@pup.pku.edu.cn

总　序

钱乘旦

世界历史在今天的中国占据什么位置？这是个值得深思的问题。从理论上说，中国属于世界，中国历史也是世界历史的一部分；中国要了解世界，也应该了解世界的历史。改革开放三十年的今天，在"全球化"的背景下，世界对中国更显得重要。世界历史对中国人来说，是他们了解和理解世界的一扇窗，也是他们走向世界的一个指路牌。然而在现实中，世界历史并没有起这样的作用，中国人对世界的了解还不够，对世界历史的了解更加贫乏，这已经影响到改革开放、影响到中国发挥世界性的作用了。其中的原因当然很多，但不重视历史，尤其是不重视世界史，不能不说是一个重要原因。改革开放后，中国在许多方面取得进步，但在重视历史这一点上，却是退步了。中国本来有极好的历史传统，中国文化也可以说是一种历史文化，历史在中国话语中具有举足轻重的地位。然而在这几十年里，历史却突然受到冷落，被很多人淡忘了,其中世界史尤其受到冷落,当人们知道一个人以世界史为专业方向时,其惊讶的程度,就仿佛他来自一千年以前的天外星球!

不过这两年情况又有变化,人们重新发现了历史。人们发现历史并不是百无聊赖中可以拿出来偶尔打发一下时间的调味剂,也不是傻头傻脑的书呆子找错门路自讨苦吃坐上去的冷板凳。人们意识到:历史是记忆,是智慧,是训诫,是指引;历史指引国家,也指引个人。人们意识到:历史其实是现实的老师,昨天其实是今天的镜子。有历史素养的人,比他的同行更富有理解力,也更具备处理问题的创造性。以历史为借鉴的国家,也会比其他国家走得更稳,发展得更好。

然而在当今时代,历史借鉴远超出了本国的历史,因为中国已经是世界的中国。中国人必须面对这个现实:在他们眼前是一个世界。世界的概念在中国人的脑子里一向不强,而世界历史在中国人的记忆中则更加淡薄。但这种情况不能再继续下去了:时代已经把我们推进了世界,我们如何能不融进世界历史的记忆中?所以,加强对国人的世界史教育,已经是不可回避的责任,这是一个时代的话题。在许多国家,包括我们的近邻,世界历史的教育已经超过了本国历史的教育,外国历史课程占百分之六十甚至更多,本国历史课程只占百分之四十或更少。外国史教育是现代公民的基本素质教育,中国的公民也应该是世界的公民。

遗憾的是,目前的学校教育离这个要求还很远,所以我们有必要在社会大众中普及世界历史知识。我们编写这套书,就是希望它为更多的人打开一扇窗,让他们看到更多的世界,从而了解更多的世界。我们希望这套书是生动的,可读的,真实地讲述世界的历史,让读者思索人类的足迹;我们希望这套书是清新的,震撼的,指点人间的正义与邪恶,让读者体验历史的力量。

大约半个世纪前,商务印书馆曾推出过一套"外国历史小丛书",其中每一本篇幅都很小,一般是两三万字。那套书曾经有过很大的影响,至今还会有很多人说:那是他们世界史知识的来源。"文化大革命"中,"小丛书"受到无端的批判,许多作者受株连,主编吴晗则因为更复杂的原因而遭遇不测。但这套书没有被人忘记,"文化大革命"结束后,吴晗被平反,小丛书又继续出版,人们仍旧如饥似渴地阅读它,直至它出版近500种之多。

又是三十年过去了,时至今日,时代发展了,知识也发展了,"外国历史小丛书"的时代使命已经完成,它不再能满足今天读者的需要。今天,人们需要更多的世界历史知识和更多的世界历史思考,"小丛书"终究小了一点,而且有一点陈旧。我们编辑这一套"未名外国史丛书",是希望它能继承"外国历史小丛书"的思想精髓,把传播世界历史知识的工作继续向前推进。

2008年12月于北京

目 录

引子　改革才是"硬道理" / 1

1　"镀金时代"一瞥
工业化:福兮？祸兮？　/ 13
"金字塔"上的裂痕　/ 37

2　观念世界的躁动
"个人主义"危机　/ 65
改革号角初鸣　/ 77

3　"粪耙子"的威力
"粪耙子"问世　/ 85
道义与文章　/ 102

4　民间的改革家
进驻街区　/ 129

教堂的警世钟声 / 142

5 政府也行动了
骑兵团长发起冲锋 / 173
大学校长入主白宫 / 203

结束语 一个意想不到的落幕式 / 227

参考书目 / 234

出版后记 / 249

引子　改革才是"硬道理"

2008年又逢美国四年一度的总统大选之年。作为美国国内政治生活中的一件大事,总统选举历来备受世人瞩目。因为无论何人当选,都会对美国的未来走向和世界政治经济格局的发展产生深远的影响。

说起美国大选,人们的印象基本上就是民主党和共和党之间的"驴"、"象"之争。其实,美国是一个有众多政党的国家,大选之年,一些小党往往也会推出他们自己的总统候选人。不过,谁都明白,对于任何一个其他党派候选人来说,参加大选都难得胜券。他首先要能在各州找到足够的支持者才能登记到选票上。然后,还要有本事在各地组织起志愿者来支持竞选,更重要的是,他还要筹集得到大笔的竞选款项。小党派由于没有共和党或者民主党那样已经牢固建立起来的完善组织网络,它们要想参加竞选,那真是说着容易,做着难,要想获胜就更是难上加难。纵观美国历史,自1853年入主白宫的第 14 任总统民主党人弗兰克林·皮尔斯到 2001 年当选的第 43 任总统共和党人乔治·W. 布什,总统的宝座始终被共和与民主两大政党所包揽。

不过,小党派候选人参选仍然有其实际意义,他们虽然不能指望获胜,但是却可以借大选之机进入公众视野,阐述自己的政治见解,并利用公众舆论,迫使两大政党将它们纳入各自的竞选纲领,从而在一定程度上影响未来美国政策的走向。所以虽然小党派候选人获胜的希望渺茫,但是他们仍然不时出现在美国的政治舞台上。他们会把两大政党未能正视的社会问题推到公众论坛的前沿,并使这些议题被列入政府的议事日程,随后便如昙花一现,从人们的视野中逐渐褪去。而且,他们的介入还有一个重要作用,他们可以吸引部分选举人的投票,影响最终的选举结果。1860 年,共和党人亚伯拉罕·林肯的当选就在很大程度上是因为他的对手——民主党阵营一分为二;1912 年民主党人伍德罗·威尔逊能够入主白宫,也是出于同样的原因。那一年,西奥多·罗斯福作为第三党分散了共和党的选票,结果,威尔逊渔翁得利……

19 世纪末 20 世纪初期,美国正值进步主义时代,针对工业化所带来的社会流弊和矛盾冲突,全国性的改革运动风起云涌,并在 20 世纪初期开始走向高潮。此时,民间改革团体纷纷涌现,活跃异常,提出了许多改革主张;各级政府中也有不少进步主义者在积极从事民主政治改革。

在这种形势下,共和党人罗斯福在 1901 到 1909 年间出任总统,实施了不少改革举措,受到国人的拥戴。

到 1908 年,罗斯福在联邦政府的改革正日益取得成效,但遗憾的是他的第二任总统任期将满,而按传统,他不能再

美国第27位总统威廉·塔夫脱

谋求连任。美国总统任期的惯例是早在开国元首乔治·华盛顿时期就形成了的,华盛顿曾经执政8年,随后便功成身退,从此留下了每位美国总统蝉联不过两任的先例,被后来者沿袭成为一种制度。罗斯福一片苦心,最终看中了陆军部长威廉·塔夫脱,极力推举他做本党的总统候选人,因为看准了此人能够成为自己进步主义理念的衣钵传人,坚信他当选后能把自己未竟的改革大业继续进行下去。而塔夫脱也坚决表示,他将不负重托,继续贯彻罗斯福的既定改革纲领。塔夫脱也是世家出身,父亲曾在格兰特总统时期任陆军部长和司法部长,他本人毕业于耶鲁大学,1904年起担任陆军部长,对罗斯福的政策一向鼎力支持。带着对接班人的信任和希望,罗斯福离开了白宫,远赴非洲、南美洲进行探险和科学考察,继而又游历欧洲。

1912年塔夫脱的竞选支持者通过宣传画提醒公众,将19世纪90年代克利夫兰总统执政时期的艰难岁月与20世纪初共和党执政时期的繁荣景象进行对比

引子 改革才是"硬道理" · 3

罗斯福人虽远行,可是视线却并未离开美国的政坛。事实证明,塔夫脱行事保守,处处谨小慎微,既不善施手腕,也不敢扩大行政权限,他虽然承诺要继续开展反托拉斯战斗,但执政不久就采取了对垄断企业大开方便之门的"自由放任"政策,1909年,由他签署生效的《佩恩—奥尔德里奇法案》,规定了美国建国以来的最高关税率,引起人民的强烈反对,与共和党内改革派之间也产生了很深的隔阂。罗斯福对塔夫脱的表现深感失望,并最终与之决裂。回国后,他决定角逐共和党总统候选人。但是由于动手略迟,塔夫脱已经先行取得共和党总统候选人提名。于是,罗斯福率领党内的进步派另起炉灶,成立了"进步党",也称"雄麋党(bull moose)",因为罗斯福号称自己"像雄麋一样顽强"。

1912年的一幅漫画,西奥多·罗斯福与威廉·塔夫脱争夺共和党总统候选人提名

1912年10月24日,罗斯福在威斯康星州密尔沃基的一次促选活动中曾经遇人行刺。子弹击中演说稿和眼镜框后进入他的胸腔。罗斯福拒绝立即去医院治疗,他坚持以饱满的激情完成了长达90

1912年西奥多·罗斯福代表"进步党"参加总统竞选

分钟的演说。最后,他告诉听众:"我刚才挨了一枪。不过,这并不足以杀死一头雄麋。"医生诊断:罗斯福枪伤严重,但是取出子弹又会冒生命危险。于是,这颗子弹就永远地留在了罗斯福的体内。

"驴子"是民主党的党徽,"大象"是共和党的党徽。所以,人们习惯用"驴象之争"来称谓四年一次的美国总统大选,而1912年的大选则成了一场"驴"、"象"、"麋"三方的较量。选举结果,罗斯福赢得27%的普选票,塔夫脱23%,威尔逊42%。民主党以不足半数的普选票得票率当选。显然,罗斯福和塔夫脱两人最后的选民票数之和超过了威尔逊。如果不是他们之间的对抗分散了共和党的选票,不知道最终拔得头筹者还是不是威尔逊。

按常理说,罗斯福既是政界老手又是一个聪明人,他不会不明白这些竞选中的门道。大选之际,他另起炉灶,同自己亲手选定的接班人塔夫脱分庭抗礼,结果只能是于对手民主党有利。罗斯福此举究竟出于何种动机?作为一名久经沙场的共和党老将,他是否会因为对塔夫脱不满便选择一个并无多大把握的解决办法?他不惜分裂共和党,削弱其竞选实力,究竟是为了阻止塔夫脱连任,还是觉得自己虽是第三党却同样胜券在握,抑或是其中另有玄机?个中缘由只有当事者自己清楚。这段尘封的历史,还有待于人们做进一步的探索。

不仅罗斯福的做法令人雾里看花,威尔逊一方也有些事情让人费解:第一,作为民主党的候选人,威尔逊却重用共和党人路易斯·布兰代斯帮助他设计了竞选纲领"新自由"。第二,威尔逊在竞选中以"新自由主义"对抗罗斯福的竞选纲领"新国家主义"。然而,他执政后却日益转向了"新国家主义"的改革道路。

布兰代斯原本是一个共和党人,曾在《克里尔》杂志上发表文章,就如何应对托拉斯问题提出了看法,这些文章引起威尔逊的关注。威尔逊开始在自己的竞选演说中引用布兰代斯的观点。不久,他又诚邀布兰代斯到新泽西面谈,两人相见恨晚。威尔逊采纳了布兰代斯的许多见解来构建他的"新自由",布兰代斯对威尔逊在新泽西州进行的一些进步主义改革也非常欣赏,在和威尔逊见面之后,他多次发表演说,为"新自由"摇旗呐喊,并号召他的朋友们在竞选过程中支持威尔逊:"我们现在应该把握住机会把进步主义倾向的总统送往白宫。"威尔逊当选后,布兰代斯一如既往地辅佐他,协助他拟定了不少进步主义的治国方案。在布兰代斯的建议下,1914年威尔逊大力促成了《联邦贸易委员会条例》的通过,设立联邦贸易委员会,以管理企业和执行反托拉斯法,从而把当初"进步党"关于建立全国工业委员会的设想付诸实现。此外,威尔逊当政期间还修改了反托拉斯法(《克莱顿反托拉斯法》),制订了童工法(《基廷—欧文法》)、铁路工人工时法(《亚当森法》)

1912年伍德罗·威尔逊作为美国民主党候选人参加总统竞选

和工业事故赔偿法(《凯恩—麦克基利卡迪法》)等等,而这些措施也都正是"新国家主义"所曾经极力倡导的内容。1916年,威尔逊顶着各方压力,促成参议院提名布兰代斯为联邦最高法院法官,协助他向着罗斯福倡导的"新国家主义"方向大步前进。

重新审视这段历史,发现它的确非常耐人寻味。1912年的美国总统选举给人们最明显的感受根本不在于党派之争,而在于进步主义对保守思想的胜利,还有就是那些关于改革方针的政见之争。为了国家的改革大业,罗斯福不惜脱离共和党。但是,刚刚诞生的"进步党"要与树大根深、实力雄厚的民主党相比,强弱之势不言自明。与一分为二的共和党竞争,民主党当然占了大便宜。这是再明显不过的道理,想必罗斯福不会不清楚,看来罗斯福追求改革的热情远在维护党派利益之上。

事实也证明,1912年的总统竞选无疑就是一场关于改革问题的全国性大辩论。罗斯福与威尔逊尽管党派不同,但是却在追求进步主义改革的大方向上不谋而合。人们从他们的竞选纲领"新国家主义"和"新自由"中,不难找出颇多相似之处。例如:虽然罗斯福主张扩大政府权力,而威尔逊声称要恢复"自由竞争",但很有趣的是,威尔逊又同时强调政府对于规范企业行为和保障公平竞争的责任。从事实来看,威尔逊执政后一直不断扩大总统的行政职权,走的同样是一条"大政府"之路。

不妨这样理解当时的历史,那就是,罗斯福与威尔逊虽然属于不同的党派,但却都是时势造就的坚定的改革派,尽管他们的来历背景和具体思路有所不同,但是他们在领导进步主义运动这一基本立场上并无二致。所以,对于他们两人而言,无论谁能当选,都无疑意味着改革派的胜利。

1912年的美国总统选举,只不过是进步主义运动中的一个典型事例,仔细回顾这段历史,其中还有更多改革的故事值得人们去追忆。在美国在从农业社会向工业社会的转型过程中,正是因为有了像罗斯福和威尔逊这样锐意改革的进步主义领袖和无数向往改革与进步的美国民众,才会发生那场轰轰烈烈的进步主义改革运动。

纵观人类历史,大大小小的社会改革林林总总,无以计数。它们犹如无数个功率不等的马达,推动着人类文明的巨大车轮滚滚前行。在世界这个大家庭中,只有几百年历史的美国人只能算个小字辈,因为古老的两河流域、希腊、罗马和中国都有着数千年的文明历程。不过,就是这几百的历史,他们也是在不断的改革中蹒跚走过的。曾几何时,他们的先辈亚历山大·汉密尔顿冲破了传统农业思想的重重阻力,在反对派"以农立国"的强大声势中,艰难地开拓着美国的工业化道路;还有美国第三任总统托马斯·杰斐逊和第七任总统安德鲁·杰克逊,他们为了美国民主制度的建立曾经与保守势力和特权阶层进行了坚决的斗争,他们的自然权利说和官职轮流制成为美国政治改革中的宝贵遗产;再有富兰克林·罗斯福,他临危受命,在"新政"的旗帜下,推行了一系列的社会改革举措,为带领美国人民战胜危机,走出困境立下了不朽的功勋……

19、20世纪之交,发生在美国的"进步主义运动"可以称得上是美国社会改革史上一次空前的壮举。因为当时的美国社会,问题丛生,矛盾重重。在美国中产阶级的率领下,全国的劳工、农场主、企业主等等社会各阶层都曾投入到改革的大潮之中,形成了波澜壮阔的"进步主义运动"。在这场跨世纪的改革大行动中,美国在一定程度上克服了顽固的"工业文明综合症",实现了从农业国向工业国的飞跃,不仅使人们过上了拥有电灯电话、汽车大厦的城市生活,还一跃成为世界政治、经济、军事实力最强大的国家。看看美国在那几十年里翻天覆地的变化,又有谁不想再回顾一下那段改革的历史?

1

"镀金时代"一瞥

1873年12月,美国作家马克·吐温发表了他的第一部长篇小说,那就是他与查·华纳合著的《镀金时代》。作品通过对一位企业家兼政客的描写,揭露了当时席卷整个美国的投机风气以及西部投机家、东部企业家和政府官吏三位一体营私舞弊,掠夺国家和人民财富的黑幕。两位艺术家一针见血地指出,这个高楼林立、马达轰鸣、火车飞奔、满目繁华的社会,虽然外表金光闪闪,而内里却是黑幕重重,丑陋不堪,"闪光"的表层掩盖着罪恶的实质。马克·吐温给这个时代取了个高度概括性的名称:"镀金时代"。

工业化:福兮? 祸兮?

关于福祸之道,中国古代哲学家、思想家老子曾经有过一句经典的诠释:"祸兮,福之所倚;福兮,祸之所伏。"自古及今,这一句朴素的话语始终都是一个著名的哲学命题。它告诫人们灾祸与幸福既是相反的也是相成的,二者在一定条件下可以相互转化。从农业时代跨入工业社会的门槛,对于人类历史而言,无疑是向前迈进了一步。然而,进步有时也需要付出代价,美国的情况无疑就是一例。19世纪下半叶,美国吹奏着工业革命的号角踏上了社会转型的历程,在短短半个世纪的时间里实现了工业化和城市化的进程。社会巨变,福兮? 祸兮?

工 业 革 命

工业化的前提是工业革命,因为工业革命带来了以工厂制为基础的大机器生产,而大机器生产则改变了整个社会的经济结构,于是人类才开始摆脱古老的农业文明,向着工业时代迈进。要说工业革命的先驱,那当然要数英国,美国只是个后来者。从时间上看,美国的工业革命起步于18世纪末期,要比英国晚大约30年。不过,从结果来看,在工业化的道路上,最终反倒是后来者居上了,其中一个原因就是美国直接"借用"了英国工业革命最宝贵的成果——英国阿克莱特棉纺机制造技术。众所周知,美国的工业革命也是从纺织工业开始的:1790年美国工业家塞缪尔·斯莱特仿造英国人的设计,制成了24锭新式纺纱机,揭开了美国工业革命的序幕。

从英国政府方面来说,让美国享用英国现成的先进技术成果,绝非心甘情愿。想当年,为了能够保住宗主国的身份,使美国永远成为自己的原料产地和产品销售市场,英国政府也曾煞费苦心,甚至不惜与美国兵戎相见,血战到底。美国独立后,虽然在政治上取得了国家主权,但在经济上却还不得不依附英国。在这种形势下,英国政府又岂会大度到不计前嫌,白白地把自己最先进的工业技术拱手让给战场上的对头?阿克莱特纺织机乃是当时世界上最先进的机器,一经问世就被英国政府视为秘不外传的富国之宝,为了确保英国能够独享工业革命的成果,英国政府早有禁令,对纺织技术和专业人才实行垄断性控制,绝对禁止纺织机器出口,也决不准许熟练纺织机械师移居国外,更不允许任何人私自携带纺织机器的图纸出境。

美国之所以能够得到英国的纺织机械技术,有一个人非常关键,他就是前面提到的美国工业家——塞缪尔·斯莱特。对于美国人而言,斯莱特无疑是一位了不起的大英雄,因为他用一双"巨手"推动了美国工业革命的历史进程。然而,当美国人在颂扬这位"美国机器制造业之父"、"美国工业革命奠基者"的时候,不知道他们可曾想过,在英国人的眼中,斯莱特的形象是否也是那么高大?无论斯莱特的历史功绩如何,要是按照当时的英国法律来说,斯莱特就是一个罪人,一个叛国者!

塞缪尔·斯莱特原本是一个英国人。1768年6月9日,他出生于英国德比郡。就在他出生的前一天,一个名叫理查德·阿克莱特的英国人刚刚递交了他对水力纺纱机专利权的申请。从表面上看,这两件事似乎是风马牛不相及的,但是后来所发生的故事,却把它们永远地连在了一起。斯莱特的父亲是一位富裕的自耕农,拥有自己的"冬青屋"农场,一共育有五子,塞缪尔·斯莱特排行第三。斯莱特的父亲曾经与当地一个名叫杰迪蒂亚·斯特拉特的工厂主有过生意上的来往,而斯特拉特则是理查德·阿克莱特的合伙人。

阿克莱特是英国第一家棉纺厂的创办者。1768年他取得了英国的第一张纺织机械专利证书,1769年建立了最早使用机器的水力纺纱厂,1771年创办了第一个

塞缪尔·斯莱特(1768—1835),"美国工业革命的奠基者"

棉纱厂,雇佣了五千多名工人。阿克莱特发明的水力纺纱机以水力作动力,有四对卷轴,可以同时纺织多个线头,纺出的纱坚韧结实,是英国工业革命初期的标志性发明。不仅如此,他还是一个应用高效管理原则的先驱,他将棉纺织业持续生产的各个工序集中于一个工厂,在工厂中实行了12小时的工作时间(当时一般是14小时),并制定了严格的规章制度,在大型生产的人力、资金、材料和机器的组织、协调和计划方面,显示出了出色的才能。

1771年,阿克莱特与斯特拉特签订合作协议,决定在水利条件优越的德比郡建立纺织厂。斯莱特的父亲在选址和购地方面曾经给予了斯特拉特极大的帮助,两人从此结下友谊。由于这一层关系,斯莱特从十几岁开始就到斯特拉特的纺织厂当学徒。到1789年时,斯莱特已经在那里工作了整整七年。由于近水楼台,天资聪颖而又勤奋好学的斯莱特全面掌握了阿克莱特纺织技术理论,也积累下了丰富的实践经验。就像羽翼渐丰的小鸟,这位21岁的熟练机械师热切希望能够有机会在纺织业中施展抱负。然而,他的老板斯特拉特自己有三个儿子,占据着工厂里的重要职位,斯莱特的出头之日遥遥无期。

就在斯莱特苦于抱负无法施展的时候,远在大洋彼岸,美国国会颁布了一条鼓励发展制造业的法案,紧接着,急于谋求发展的美国纺织业便开始重金悬赏,寻找阿克莱特专利技术的掌握者。原来,美国在取得独立战争的胜利后,百废待兴,经济上十分困难。在这样的形势下,汉密尔顿等一些美国政府领导人把发展工商业视为一条争取经济独立的出路。但是,由于受宗主国控制多年,美国在工艺与技术水平上都远远落后于英国和其他欧洲国家。为此,美国联邦政府先后颁布实行了一系列促进工商业发展的政策,一方面努力加强自身的"造血"功能,鼓励本国人发挥自身的聪明才智,奖励发明创造;另一方面也积极引进外来技术,以期通过"输血"获得更多现成的养分。一天,斯莱特在报纸上看到了一则美国寻找纺织技师的广告,赏金为 100 英镑。仿佛一石激起千层浪,斯莱特再也按捺不住跃跃欲试的心情,他决定到美国去开辟自己人生的新天地。可是,当时英国纺织技术工人出国乃是一种非法的行为。经过周密计划,斯莱特乔装改扮,更名换姓,打扮成农民的模样,幸运地躲过了英国当局的出境检查。

来到美国的斯莱特如鱼得水,很快就找到了他的用武之地。1789 年 11 月,斯莱特到达了纽约,从那里获悉,美国商人摩西·布朗在罗得岛开办了一家纺织厂,取名"奥米—布朗公司"。他正在为自己的公司寻找一位具有纺织厂工作经验并能够复制阿克莱特纺织机器的高手。斯莱特立即写信给布朗,"毛遂自荐"。布朗很快回信说:"如果你能做这些事情的话,我邀请你来罗得岛,把棉纺技术介绍到美国。"1790年 1 月,斯莱特到达奥米—布朗公司,凭着惊人的记忆力以及多年练就的机械制造技能与经验,成功复制出了阿克莱特棉纺机。就这样,美国的棉纺业也拥有了当时世界上最先进的新型机器,而斯莱特的事业也从此步上正途。很快,他就从奥米—布朗公司的雇员变成了它的合伙人。随着生意的日渐红火,1793 年,斯莱特又在附近建起了一座新的纺织厂,这一次,他凭实力把自己的名字加进了公司的名称,新的纺织厂叫做"奥米—布朗—斯莱特公司"。经过几年的辛勤努力,斯莱特积累了一定的资金,于是他打算脱离合伙人去发展自己的事业。1798年,斯莱特与自己的兄弟约翰联手创办了规模更大的"怀特纺织厂"。此后,他的事业不断发展壮大,到1835年4月,斯莱特告别人世的时候,这位原籍大不列颠的工业家已经在北美大陆上建立起了13家私人纺织厂,个人财富不下百万美元,为美国人带来了最先进的纺织机器和一套全新的生产系统,成为当之无愧的美国"制造业之父"。

当然,美国工业革命的先驱并非仅仅斯莱特一人。就在斯莱特为美国纺织业的发展作出巨大贡献的同一时期,美国本土也出了一位发明制造机器的能人。1790年,美国国会通过一项《专利法案》,保护发明者的合法权益,鼓励发明创造。四年后,29岁的马塞诸塞州青年伊莱·惠特尼成为一名专利申请人。他在1793年发明了轧棉机,使清理棉花的工效提高了近100倍。

美国轧棉机发明人伊莱·惠特尼

1765年12月8日,伊莱·惠特尼出生于马塞诸塞殖民地一户殷实的中产阶级农场主家庭。他天资聪颖,心灵手巧,尤其对数学和机械感兴趣。幼年时,他喜欢在父亲的农场里鼓捣各种工具。据说,有一次他曾趁全家人去教堂的时候,拆开了父亲的手表察看表芯的工作原理,然后又在父亲回来之前把零件逐一安装回去,手表完好如初。不幸的是,惠特尼在12岁时丧母,父亲的农场也陷入困境,在继母的反对下,他未能在少年时期接受更多的学校教育。他先后做过农业工人和学校教师的工作。成年后,惠特尼靠自己的努力考入了耶鲁学院,并在1789年至1792年间完成了学业。毕业后,因为经济拮据,他不得不到南卡罗来纳去应聘家庭教师。旅途中,惠特尼遇到了凯瑟琳·格林夫人和一位耶鲁校友菲尼亚斯·米勒。在他们的盛情邀请下,惠特尼改道佐治亚州,作客格林夫人的种植园。令惠特尼没有想到的是,此行对他而言有着重大的人生意义。

同美国南方的多数种植园一样,格林夫人的种植园也以棉花为主要作物。这是因为在18世纪中叶兴起的英国工业革命中,棉纺织业成为第一个实现机械化的行业,棉纺织业革命使英国对棉花的需求迅速增长。然而,英国本土却并不生产棉花,在大机器生产的条件下,来自西印度群岛、巴西、印度等地的棉花早已不能满足需要。对于美国南方的种植园主们来说,这种情况无疑蕴含着巨大的商机。但是有一个难题成为他们大量种植棉花的障碍,那就是棉花脱籽的问题。受自然条件的限制,美国南方适宜种植一种"高地棉"。这种棉花纤维短,棉籽与棉绒联结紧密,现有的轧棉机无法使之分离,而采用手工为棉花脱籽既费时又费力,是一个成本很高的生产过程。通常,一个奴隶一天连续劳动10个小时,大约只能从三磅棉桃中剥出一磅棉花。

惠特尼是一个爱动脑筋的人,他想发明一种机器,让棉籽从棉桃中快速脱离出来:"为什么不设计出一种机械,使棉籽能从棉桃中快速脱落呢?"格林夫人听后兴奋不已:"是啊,如果谁能发明出这种机械,那可是件了不起的事情!可是谁来发明呢?""我来试试!"惠特尼答道。于是,在格林夫人支持下,惠特尼开始了他的"发明之旅"。他亲自到棉田仔细观察手工剥棉籽的动作和过程,并且亲自动手进行体验。然后,他把自己关在房间里,冥思苦想,反复试验,几经挫折。在不到一周的时间里,他就制作出了一个小的机器模型;半年之后,他竟然真的设计出了一种结构简单而又实用的新型轧棉机。这种机器的操作方法很简单,只要把棉桃放进机器的滚筒中,再转动滚筒外面的手柄,便能轻松完成这道工序,而功效上却能够比手工提高整整50倍。后来,他又在这一发明的基础上设计制造出了靠水利发动的轧棉机,每天可以轧棉300—1000磅。轧棉机的发明大大推动了美国南方棉花种植业的发展,使棉花成为那里最重要的经济作物。同斯莱特一样,惠特尼成为美国工业革命中的又一位先驱人物,为美国进入工业时代作出了重大贡献。

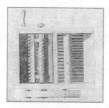

惠特尼发明的轧棉机

1794年,惠特尼为自己发明的轧棉机

申请了专利权。可是这个专利并没有给惠特尼带来他所期待的滚滚财源,而是使他陷入了旷日持久的专利诉讼官司。对于一直被棉桃脱籽问题所困扰的种植园主们来说,新型轧棉机的问世不亚于是久旱后的甘霖。惠特尼自己也明白这一点。于是,他请格林夫人在报纸上刊登了销售广告,每台轧棉机售价500美元。在广告的指引下,很多人来到了格林夫人的庄园。但是令惠特尼怎么也没有想到的是,来的人里看的多买的少,更令他没有想到的是,各地种植园主竟然开始纷纷仿造他的轧棉机。为了保护自己的权利,惠特尼不得不诉诸法律,把侵权者推上被告席。可是,刚刚颁布一年的美国专利法并不完善,无休止的法庭诉讼使惠特尼倾尽了财力。直到1807年,他才获得了反侵犯专利的判决。遗憾的是,这个判决来得太晚了,轧棉机已经在美国南方广泛使用,而惠特尼这个发明人则因为走上法庭诉讼的漫漫长路而债务缠身。

幸好惠特尼头脑灵活,不愁找不到一条进财之路,而令他掘到第一桶金的是他从美国军方争取到的一张订单。美国独立战争时期,法国曾经是美国的盟友,在各个方面给予了美国很多的帮助,当时美国所使用的滑膛枪就是由法国提供的。可是世事难料,自1778年以来,两国之间的关系却日趋紧张,战争一触即发。为了备战,美国政府急需四万支滑膛枪装备新扩建的军队。显然,法国是不会提供这些武器让美国来打他们自己的。于是,美国政府把希望转向了私人承包商。1798年5月4日,美国国会通过决议,拨款80万元用于购买大炮和轻武器。虽然捍卫专利权的诉讼耗费了惠特尼不少的精力,但是他却并没有因此而无暇旁顾。急于摆脱债务的惠特尼告诉自己这是一个机会,他得抓住它!

主意已定,惠特尼立即动身前往当时的临时首都费城,一口气就跟联邦政府签订了制作一万支滑膛枪的合同。要知道,当时制作枪械完全靠的是工匠们的手工,每支枪由一个工人承制全部零件并自己装配。每支枪的每一个部件在制成后都需要反复修正,才能同与它相连接的其他部件相适合。每一个部件都是唯一的,一旦损坏,无以替代,同样枪支的同样部件并不能通用。惠特尼又不是魔术师,以这样的生产方式,他什么时候才能制造出一万支枪呢?可是,惠特尼却是一个发明家,他不再让工匠们独立承担整支枪的生产任务,而是将枪支分解成若干部分,用机器加工的办法制作出相同的部件,最后再由少量人工将各部件组装到一起。他把各个部件加工得极为精确,这样,任何滑膛枪的每个零件都适用于其他滑膛枪。

有这样一个故事:1801年,合同到期了,而惠特尼的确未能按时交货,毕竟,白手起家,改革传统工序都是需要时间的。结果,他受到了官方的指责。他于是便带了几支已经生产出来的滑膛枪来到首都华盛顿,把它们拆卸开来,把所有的零件混在一起,然后对在场的官员说:"这是你们要的枪。"随后,他随机捡起一些部件,把它们组装成了一支完整的枪。

这是惠特尼给美国工业革命做出的又一个巨大贡献——他首次在美国提出了大量生产"互换零件"的概念。有人认为,惠特尼并不是世界上第一个提出这一概念的人。无论是与不是,他都不愧为美国机械制造标准化方面的一位先驱。这种先生产互换零件再装配的方法,为美国现代化大生产时代的到来奠定了基础。随着"可交换零部件"生产方式在美国的广泛应用,到 19 世纪时,美国有很多行业都采用了装配线以提高生产效率。正是在这一基础上,亨利·福特才在一个世纪之后创造了他的汽车生产线,成为现代大规模生产和标准生产线的创始人。

美国工业革命的发生绝不仅仅是因为有了少数像斯莱特或者惠特尼这样的天才,但是,谁也无法否认这些天才的确起到了重要的作用。不言而喻,社会的进步需要人类的智慧!

狂飙突进

19 世纪后半期,对于美国而言,无疑正是一个多事之秋,特别是,南方的奴隶制度与北方的自由劳动制度之间的矛盾,已经发展到了不可调和的地步。最终,广袤的北美大陆沐浴了一场熊熊战火的洗礼。

1860 年又逢美国的大选之年。这年 11 月 6 日,北方共和党候选人亚伯拉罕·林肯成功当选总统,在南部蓄奴州引起极大的恐慌和不满,分裂与战争的呼声在奴隶主阶层中响成一片。12 月 20 日,南卡罗来纳率先发难,宣布脱离联邦。紧随其后,密西西比、佛罗里达、亚拉巴马、佐治亚、路易斯安那、得克萨斯纷纷效法,这七个州决定成立它们的新"国家",并于 1861 年 2 月 8 日宣布组成美利坚联众国,简称南部邦联,定都里士满,选举杰斐逊·戴维斯为他们的总统。3 月 4 日,林肯在国家分裂的政治阴霾中宣誓就职。4 月,南方军先发制人,驱逐驻扎在南方的联邦军队,攻占萨姆特要塞,林肯总统被迫下令回击叛乱诸州,一场极为惨烈的大决战就此在美国本土上爆发……

南北战争给美国人造成的心理创伤和物质损失都是巨大的。交战双方不仅耗费了大量的财力物力,还造成了许多家破人亡、生离死别的人间悲剧。这场战争的总费用达到了200亿美元以上,造成的人员伤亡总数不下100万,这对于当时只有3100万人口的美国来说,无疑是一个令人心惊的数字。不过另有一点也值得特别注意,那就是,内战使得美国第二次工业革命的成果首先在军事上得到了应用。在战争过程中,南北双方都使用了金属弹壳和后装填步枪,都使用铁路和蒸汽船快速集结兵力,都使用蒸汽铁甲战舰进行海战,机械连发枪也被首次投入实战。此外,北方还发展了制造标准化零件组装武器的生产方式,大大提高了工业生产效率。实际上,内战正是美国历史上的一道重要分水岭,内战后,美国迅速走上了"加速工业化"的道路,跨入了工业社会的门槛。

虽然战争令整个国家满目疮痍,百废待兴,但是战后奴隶制的废除和国家的统一却也为美国资本主义经济的发展提供了优越的条件。对美国人而言,内战结束后的半个世纪可谓是一个"大跃进"的年代。他们利用国内和平统一的有利政治局面、丰富的自然资源和第二次产业革命的先进技术成果,广泛开展了应用科学的研究和工业技术的发展更新,快步迈入了一个"科技时代"和"发明时代",新技术层出不穷,新发明令人目不暇接。家喻户晓的爱迪生发明白炽灯的故事,亨利·福特成为"汽车大王"的故事和泰勒发明大工厂流水线管理制度的故事都发生在这个时代。

由于科学成果被不断迅速转化为生产力,给美国带来了令人震惊的划时代巨变,革命性地改变了美国人的生产与生活方式。电力、汽车、钢铁、石油等新兴工业部门在美国迅速崛起,成为美国工业生产中的基础性和支柱性产业。食品加工、纺织、成衣制造、印刷、木材加工等传统产业也先后完成了技术改造与更新,机械化水平已居世界前列。在19世纪的后40年里美国的工业增长率始终高达4%以上,在当时的世界资本主义强国中首屈一指。20世纪末,仅卡内基钢铁公司一家的产量便相当于整个英国钢铁业总产量的4/5。60年代初期,美国基本上还是个农业国,在经济上还不得不依附欧洲,然而,到90年代,其工业产值却已跃居世界首位,成为资本主义世界中的"龙头老大",其国民经济结构中工、农业比重发生了根本性的变化。1884年,美国工业比重在国民经济中首次超过了农业,这一变化标志着美国已经基本实现了工业化,工业社会在新世纪的曙光中现出了端倪。

给美国"装上轮子"

1898年,底特律市长梅伯利将第一张美国驾照颁发到了一位年轻的美国市民手中,这位年轻人有一个梦想,就是为人类制造出"不用马拉的车"。

1947年4月7日,一位耄耋老人因为脑溢血死于底特律,终年83岁。在为他举行葬礼的那一天,美国所有的汽车生产线停工一分钟。这位老人正是50年前那位领取驾照的青年。他实现了当年的梦想,给美国也给世界"装上了轮子"。半个世纪之后,《财富》杂志赞他为"20世纪最伟大的企业家";而在《福布斯》杂志评出的"有史以来最有影响力的20位企业家"中,他的名字列于榜首。他就是享誉世界的"汽车大王"——亨利·福特。

现代美国就像是一个"汽车的王国",汽车作为美国大众最主要的交通工具,在美国的普及率之高已为世人所共睹,美国因此而被世人称为"轮子上的国家"。正是福特让汽车从"贵族"变为"平民"、从手工作坊走进大工业工场,让每个美国家庭可以开得起汽车。不过,福特对美国工业化的贡献还远不止于让普通人拥有了汽车。他不仅创办了福特汽车公司,也带动了整个汽车行业乃至许许多多相关行业的发展;他革命了工业生产方式,开发出了世界上第一条流水生产线;他创造了装配线的管理模式,这使他足以成为20世纪最重要的管理学家;他创造了工人日薪5美元的记录,缔造了美国现代中产阶级,他甚至给员工颁发了《生活规则》手册,督促雇员在家里使用充足的肥皂和水,不要随地吐痰。

"汽车大王"亨利·福特

1863年7月30日,亨利·福特出生于美国密歇根州迪尔伯恩的一座农场。他的父亲就像美国早期的大多数农场主一样,希望自己的长子能够随他务农,成为一个勤俭持家的农场主。可是令老福特感到失望的是,儿子却偏偏不喜农事,只对鼓捣机械感兴趣。小福特好像是个天生的机械师,孩提时代,农场的各种工具都是他的玩具。12岁上,他又开始对钟表异常着迷,经过对钟摆、弹簧、齿轮和计时器工作原理的认真观察,他很快就能够熟练地为朋友们修理钟表。稍大,他便开始想方设法地逃避干农活,但只要一提机械就来精神,无论是修理门窗的合叶还是收拾各种农具,他总是手到擒来,不成问题。那时候,美国正处于第二次产业革命时期,不过科技的巨大进步还没有被普遍转化为生产力,更没有惠及到农业生产。蒸汽机还没有得到广泛应用,路上跑的还是马车,农田里还没有拖拉机,用于工业化建设的电力总和还少于耕地的用电。在偏远的密执安农场,农场主们还一直延续着由来已久的务农方式。微薄的收益、变化无常的天气和他们对改变现状的本能抵制都妨碍了不少新型机械在那里的推广应用。单调重复的生活和劳动节奏让亨利·福特感到索然无味。在他身上显露出的是新一代美国人的特点,比起农业的过去来,他们对工业的未来更感兴趣。福特对科技发展可能开创的崭新未来无限向往,他憧憬着有朝一日,能使像他父亲一样的农场主们从费时和枯燥的劳作中解脱出来,福特后来回忆这段农庄生活时曾经写道:"一个人整天跟在一群慢腾腾的马后面,那是多么大的浪费。"

  俗话说,有志不在年高。17岁时,福特终于有机会走出了农场,他独自一人到底特律的密西根汽车制造公司做起了学徒。不过,在这家底特律当时最大的工厂里,福特却只工作了六天就辞职不干了。按照他自己的解释,原因是"这家公司优秀的员工要花好几个小时才能修好的机器,我只需30分钟就可以搞定,所以别的员工对我十分不满"。到23岁时,福特的执著和勇于尝试已经使他积累了不少的机械制造经验,所以他便开始尝试研制使用内燃发动机带动的交通工具。为了能让福特放弃满脑子的"怪念头",父亲与他达成妥协,父亲给他40亩木材地,条件是福特必须回家务农。"作为权宜之计我同意了。"亨利·福特回忆道。他回到农场,用一部分砍下来的木头给自己建了"婚房",其实那里面藏着的是一个工作间。在回家"消停"了几年之后,福特开始试验双缸发动机,此时他拿到了一家电力公司月薪45美元的聘书,从此便永远告别了农场,踏上了他的造车之旅。1893年圣诞节,福特试制汽油机成功,这使他受到极大鼓舞,他坚信自己一定能制造出那辆"不用马拉的马车"。1896年春天,他的第一辆汽车研制、试验成功,福特又一次感受到了成功的喜悦,他驾车驶遍了底特律的大街小巷。为了这一天,福特曾经到处借钱买零件,而为了把造好的车从工棚里开出,他又曾经不惜用大铁锤打掉门框,拆墙破门。1899年8月,37岁的亨利·福特从电力公司辞职,开始全身心地投入汽车制造事业,他得到了爱妻的坚定支持。1903年,福特创立了以自己名字命名的"福特汽车公司"。1908年10月1日,福特汽车制造厂推出了具有划时代意义的T型车,那是世界上第一辆属于普通百姓的汽车,世界汽车工业革命于是从这里开始了。T型车便宜、安全可靠,便于批量生产,是福特造车理念的最佳体现,福特自己曾经说:"只要拥有一辆福特车,世界就没有一个地方你去不了,当然上流社会除外。"

　　1913年福特在参观底特律的一家屠宰场时,曾经看到工人用钩子把牛体挂在一条传送带上进行运输,按次序对牛进行肢解,福特从中得到启发,设计完成了世界上第一条大规模传递带式生产线。在大型总装车间,由机械传送带运送零

1908年福特发明的T型车

件和工具,极大地提高了工作效率;T型车的各种零件被首次设计成统一规格,实现了零部件的标准化。福特采用低定价销售策略,T型车首批价格为850美元,大约相当于当时其他汽车平均售价的1/3,当年就售出11000辆。1923年时售价又降到每辆265美元,仅仅是普通工人几个月的薪水,大多数人都能购买得起了;他还提供充足的零部件和及时的售后服务保障,消除了用户的后顾之忧;1914年,福特改变了工人的工作方式,首创了每天8小时工作制,并将员工日薪提高到5美元(当时一般是2.34美元/9小时),从而使工人的积极性大为提高,劳动生产率迅速提升。随着管理的科学化,生产一辆T型车的时间从最初的12小时28分降到1914年的93分钟,到1925年时平均每10秒钟一辆新车就可以下线。由于T型车价格低廉、使用方便、容易维修,销售异常火爆,到1927年停产,累计销售了一千五百万多辆。T型车既使福特获得了巨大的成功,也改变了人们的生活方式、思维方式和娱乐方式,将人类带入了汽车时代。

福特为大工业奋斗了大半个世纪。他是美国工业化时期最具代表性的先驱人物之一,有一些社会理论学家甚至于因此而把这一段时期美国经济和社会历史的内容泛称为"福特主义"。1921年,美国总统哈定接见福特,盛赞"他为美国创造了一家最了不起的公司"。1999年,《财富》杂志也将他评为"21世纪商业巨人",以表彰他和福特汽车公司对人类工业发展所作出的杰出贡献。

铁轨与城市

人们对于美国内战前的城市有一个称呼,叫做——"步行城市"。不过它与现代人心目中的"步行城市"概念所指不同。今天人们所说的"步行城市"多指设施建设比较完善,自然与人文环境整洁优美的城市,那里不仅铺设了舒适便利的人行道,而且步移景异,行人一边走路一边就能欣赏都市美景。然而,美国内战前的"步行城市"则是由于规模超小而得名的。顾名思义,那就是用脚板就能量得过来的小地方。内战前,美国由于缺乏便捷低廉的交通设施,人们步行的距离就决定了城市的规模。在当时,一个方圆能够达到四英里的城市,就算得上是大城市了。换成现在,一定会被称作"迷你城市",因为相对于现代城市而言那简直就是一块弹丸之地。内战前,美国城市不仅规模小,而且也只是零星存在。当时,美国还是一个农业国家。美国现代城市是在内战后才出现的,是在市内交通和全国铁路交通大发展的条件下兴起的。特别是内战后美国铁路运输系统的日臻完善是美国现代城市大量兴起和整个国家走向现代化的重要前提。

内战前,美国陆路交通主要靠畜力车,但大宗货物运输则只能靠水路。19世纪20年代,伊利运河在纽约州的成功开凿和蒸汽轮船的使用曾经在美国掀起了一片建设运河的热潮,引发过交通史上的一场重大革命。内战后,美国铁路建设热潮的兴起带来了美国交通史上的又一场真正的革命。比起水路运输,铁路运输既不受冰冻期,也不受河床条件、河水深浅等诸多条件的限制,具有便捷、快速和费用低等优势。事实上,早在19世纪30年代美国就已经开始建设铁路,但是进程相对缓慢,远远不能满足广大腹地的运输需要。到内战结束时,美国铁路线总长度为35000英里,而且绝大部分位于密西西比河以东地区,地区分布极为不平衡。

内战后,美国铁路建设的第一个辉煌的成就是建造了横贯北美大陆的太平洋铁路干线。在这条铁路修通之前,美国东西部被崇山峻岭、浩瀚沙漠重重阻碍,没有一条便利的交通线路。地理和交通的原因使得西部成了美国相对独立的地区,不仅经济发展受到影响,也成为国家稳定统一的隐患。1862年,林肯总统曾经签署了一个《太平洋铁路法》,授权由联合太平洋铁路公司和中央太平洋铁路公司共同承建横贯大陆的太平洋铁路。联合太平洋铁路的起点站是内布拉斯加州的奥马哈,中央太平洋铁路的起点则是加利福尼亚州的萨克拉门托。两个公司东西相向铺筑铁路。根据该法案,参与修建太平洋铁路的公司可以从政府那里获得超过52.61亿公亩的土地,比整个得克萨斯州的面积还要大;同时还获准发行面值100美元的股票,数量多达100万张。由于公司所获的公债、特许土地及补贴是根据修建铁路的里程来发放的,而政府并未规定铁路东西两段的会合地点。所以两家铁路公司都想加快建设速度以获得更多的利益。

1869年,太平洋铁路终于竣工,宣告了美国大陆在经济运行上开始连成一体,推动了美国成为联结太平洋和大西洋的经济大国。过去,从纽约到旧金山需要乘船绕行好望角,

1869年5月10日,美国太平洋铁路竣工,联合太平洋铁路公司和中央太平洋铁路公司的两位总工程师相互握手,站在机车上的人们手擎香槟

最短的时间也要六个月,而铁路建成后则只需要七天。太平洋铁路建成后,美国政府继续为铁路建设公司提供贷款、特许土地等各种形式的支持,以至于从19世纪70年代后期到20世纪初期,在美国形成了又一次铁路建设的高潮,在这一过程中,原先尚未连接的铁路被连到了一起,一个覆盖全美国的铁路运输网迅速形成。到1916年时,美国的铁路线总长度达到了254037英里,大约占到世界铁路总长度的1/3,比整个欧洲的铁路总里程还要长,成为世界上铁路线最长的国家。此时,四通八达的铁路网覆盖了美国的各个角落,从南到北,从东到西。

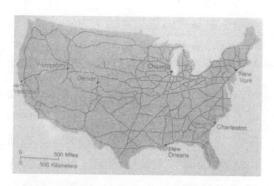

1890年美国铁路干线分布图

  这里只要做个极其简单的比较，人们就能看出铁路在美国人生产生活中所曾经起到过的重要作用：

  1840年，铁路尚未进入中西部的时候，旅行者从纽约到克利夫兰需要一周时间，到芝加哥需要三周。1860年铁路可以使旅客在不到24小时的时间内到达纽约，48小时内到达芝加哥。到80年代，时间又缩短了一半。

  不过对于美国而言，铁路的经济意义还不仅仅是提供运输，只有有了星罗棋布的铁路网，才能够充分利用各种丰富的自然资源，发挥区域专业化的优势；铁路的建设一方面使得人们生活的地域从东海岸的老殖民地地区一直推进到西部太平洋沿岸，把全国统一成了一个整体；另一方面，它也带动了钢铁、木材、发电等许多其他产业的发展。铁路联通了国内市场，降低了运输成本、扩大了市场范围，成为承担全美城市间货运量的主力。

这一时期，随着交通与经济的发展，劳动人口从美国农村大量涌入城市，致使城市在美国犹如雨后春笋般迅速发展，城市人口在全国人口中所占的比例从1860年的19%增长到了1920年的51%。在同一时期，每有一个城市居民迁居农村就有20个农民迁入城市。而且，由于工业化对非技术工人需求量的增长和经济发展对东南欧劳动者的吸引力的加强，又有大量移民涌入美国。从1870年到1920年，共有二千六百多万移民进入美国，其中大多数都是来自东南欧地区的穷人，这些人进

1905年，刚刚来到美国的一个意大利移民家庭

1898年纽约街景

1913年芝加哥街景

入美国后大多滞留城市，成为产业工人。由于工业发展的需要，中西部兴起了匹茨堡、底特律、克里夫兰、芝加哥等大批新工业城市。在1860年到1890年的30年中，底特律和堪萨斯城的人口增长了四倍，孟菲斯和圣佛兰西斯克增长了五倍，克里夫兰增长了六倍，洛杉矶增长了20倍，奥马哈甚至增长了50倍之多，而其中绝对人口数字增长最大的当属芝加哥：在1860年后的半个世纪里，其人口增长了20倍，成为美国第二大城市以及西部机器制造业和交通运输业的中心。城市化并不仅是一种西部特有的现象,东部老城也在以惊人的速度扩张。纽约、费城、巴尔的摩的人口增长都在2倍以上,东部商业港口得到了长足的发展。总之,在从美国内战到第一次世界大战期间的半个世纪里,它得到了异常迅速的发展,美国成为了一个在铁轨上勃兴的"城市国家"。

"金字塔"上的裂痕

埃及人有句谚语:"人类惧怕时间,而时间惧怕金字塔。"意思是说,埃及人建造的金字塔能够经受住时间的考验。古老的金字塔能够抗拒数千年时间的侵蚀,堪称人类建筑史上的一大奇迹。据说金字塔之所以如此坚固,跟它们的形状有着极大的关系。都知道,金字塔的样子很像汉字里的"金"字,下大上小,底座是四方形,顶部呈尖,侧面均为三角形,是一种梯形分层的角锥体,因此也叫层级金字塔。据说,这种形状在几何学上被认为是最稳定的结构形式之一。

由于金字塔举世闻名、影响深远,人们现在习惯于将同类形状的事物比作金字塔,其中有些是有形的,有些则是无形的,有些坚固如古埃及法老们的坟墓,可是有些却呈现出深深的裂痕……

19世纪末20世纪初,经过了几十年的工业文明的洗礼,美国社会积聚了大量的财富,但也积累了许多的矛盾和问题。而经济生活的混乱、政治管理的腐败和大量贫困人口的存在则是其中最大、最棘手的问题,因为它们广泛触及到了社会各阶层之间的利害关系。整个社会仿若一座由三大阶层所组成的金字塔:高居塔尖的是极少数暴富的大企业主,他们是社会的特权阶层,通过贿赂政府官员、打击竞争对手等种种非法手段垄断行业,侵占国家资源,聚敛起巨额财富;被压在塔底的是占社会人口绝大多数的贫民大众,他们以劳工为主体,位卑而言轻,为了生存不断地掀起抗议和罢工风潮;中产阶级则处于劳资阶层的夹缝中间,他们对重重社会问题忧惧不已,他们希望通过改革来约束富人,安抚底层,修补"金字塔"上的裂痕。

罢工工人要求八小时工作制

"强盗大亨"

在美国公众中,对工业化时期非法敛财、垄断行业经营的大企业家和银行家们有一个普遍流行的蔑称——"强盗大亨",它体现了公众对这些工商业巨头不义行为的不满。

据说这个词起源于中世纪的欧洲。在公元12和13世纪,欧洲正处于神圣罗马帝国时期。按照帝国法律,不经皇帝准许任何人不得私自征收通行税。但是一些封建领主却利用莱茵河流经其领地的便利条件,在河岸筑起城堡,在河面上架起铁索,强行向往来的货船征收重税。如有胆敢拒付者,他们便以武力相加,迫其就范。

关于"强盗大亨"一词在美国工业化时期的流行,人们说法不一。有人说是起自1867年,因为当时一位名叫E. L. 戈德金的美国人写了一本书,斥责铁路行业的大垄断者;而1934年,美国政治经济评论家马修·约瑟夫森也曾经出版了一部著作,取名就叫《强盗大亨:1861—1901年的美国大资本家》。按照他在这部书中的说法,这个词在美国工业化时期流传开来,是始于19世纪80年代堪萨斯农场主们反对铁路巨头垄断行为的斗争。他们借用这个恶称来表达他们对铁路巨头们垄断铁路运输市场,操纵运价,对大宗货主实行差价和佣金政策的强烈愤慨。到现在,这个恶称在美国到底是怎么叫响的已经不重要了,反正发展到后来,"强盗大亨"已经成了美国工业化时期人们对那些不法大工商业者的一个通称,而在当时"有资格"被称为"强盗大亨"的人中,钢铁大王安德鲁·卡内基、石油霸主约翰·洛克菲勒、金融巨擘约翰·皮尔庞特·摩根都是其中最数得着的风云人物。在当时,他们的名字无人不晓,他们的发家史中都有不光彩的一面,而他们的实力则都大到不仅能够垄断行业,甚至可以操纵政治的程度。特别是洛克菲勒,他是美国"镀金时代"的第一个一万亿富翁,也是美国托拉斯企业制度的创设者,更是"强盗大亨"的标志性人物。他的财富、名声、实力在当时的美国几乎无人能敌,以至于美国政府最后不得不动用法律的威力分拆了他那过于庞大的商业帝国——美孚石油公司。

在整个美国工业化时期,洛克菲勒的一举一动都曾经牵动着整个美国石油市场的每一根神经。惟其如此,他曾在1894年和1902年先后两度引来著名的"黑幕揭发"记者亨利·德玛莱斯特·劳埃德和艾达·塔贝尔为他专门撰写长篇大著。读到这里也许人们不禁会问:约翰·洛克菲勒究竟何以会如此神奇?在那举世瞩目的巨大成功背后,他到底又是怎样一个人物?

人称"强盗大亨"的美国石油大王约翰·洛克菲勒

1839年7月8日,约翰·洛克菲勒出生于纽约州哈得逊河畔的里奇福德。洛克菲勒从小就显露出过人的冷静和精明,而且野心勃勃,对赚钱情有独钟。上小学时,他的各门功课学得都不怎么样,但是却有一门课出类拔萃,那就是算术。他从小对数字就很敏感,而且还总是把数字同钱联系在一起。说得文雅些,洛克菲勒自幼具备难得的商业潜质,换句白话来说,他仿佛天生就是一块做生意的材料,无可否认,这多少跟他父亲对他的遗传和影响有些关系。洛克菲勒的父亲名叫威廉·洛克菲勒,人称"大块头比尔"。他名义上是一位"草药医生",可实际上却是个商人。他自称出售的是一种立竿见影、包治百病的"灵丹妙药",而实际上那不过是洛克菲勒的祖母从森林里采集原料后按照民间土方煎制而成的东西。而且他还经常神秘地离家远游,每次一走就是几个月,回来时从不空手,这次弄回匹马,还拉着一车东西,下次又带回满满一袋子钞票。据说他是个无事不敢干的百事神通,贩卖过马匹、木材、食盐、皮毛,也出让土地,推销杂货。有一次,他又是一连数月未归,家里的钱全部花光了,洛克菲勒的母亲不得不靠赊账维持一家人的生活。就在这时,"大块头比尔"像每次一样突然出现在妻儿眼前。他带着一脸神秘的微笑,从几个口袋里大把大把地往外掏钱,全都是崭新的钞票,清偿欠款绰绰有余。

　　常言道:虎父无犬子。约翰·洛克菲勒不愧是"大块头比尔"的儿子,在经商赚钱这一点上的确颇肖其父。1855年,约翰·洛克菲勒找到了他的第一份工作。由于年轻没有工作经验,他在一家商行里当上了一名普通的簿记员。但是不久,洛克菲勒就显现出了他的过人之处。他不仅勤奋工作,而且善于玩弄商业技巧和发现商机,不断为商行的经营出主意,使商行多得了不少利益,这个16岁的少年开始令人刮目相看。作为回报,老板把洛克菲勒的薪金从每天50美分提高到每月25美元。不过,这点钱远非洛克菲勒想要的东西,他不过借商行的"宝地"厉兵秣马,给自己积累点做生意的经验。1858年,19岁的洛克菲勒以10%的利率向父亲借款1000美元,再加上自己积蓄的800美元,与28岁的英国人克拉克合股创办了一家经营谷物和肉类的小型贸易公司。由于经营顺利,他们第一年净赚4000美元。1861年4月,内战爆发,按照法律,洛克菲勒有义务为国家服役,但是他深知战争无疑会带来巨大的商机,因为民用和军需物资的采购量和运输量都会随着战争的进程而日益加大。机不可失,赚钱正在瘾头上的洛克菲勒花300美元雇了一个人替他入伍,到1862年,他的生意给他带来了每年17000美元的鸿利。

"油流河"位于宾夕法尼亚州的远西部地区,因18世纪拓荒者发现它的河水上漂浮着彩虹色的油层且味道恶臭而得名。早期印第安人曾经从水中撇取浮油作皮肤擦剂。19世纪50年代耶鲁大学几位化学教授通过研究试验证明,"油流河"的水中可以提炼出人称"黑金子"的石油。宾夕法尼亚州发现石油的消息不胫而走,一时间,成千上万的人从全国各地涌向采油区。宾夕法尼亚土地上井架林立,原油产量飞速上升。可能连洛克菲勒自己都没有想到,这次,他可要发大财了。

1863年洛克菲勒与人合伙开设了他的第一个炼油厂。1870年他又与其他四人在克里夫兰合办了"俄亥俄美孚石油公司"。年仅30岁的洛克菲勒获得了公司1/4强的股权,并被推选为公司的总裁。洛克菲勒果然不负众望,在他的手中,美孚石油公司声誉日隆,逐渐具备了坚实的竞争能力。

洛克菲勒能够白手起家,在很大程度上归因于他过人的才能。他冷静、精明,富于远见而又胆识过人。但是,他的成功背后也隐藏着很多令人切齿的丑闻。他是一个铁腕人物,在追求财富并最终登上巅峰的道路上,他曾经运用不光彩的手段威胁竞争对手,贿赂政府官员,联合铁路公司实行折扣运价等多种不法手段,他甚至曾经雇人骚扰别家公司的顾客,许多中小石油业主被他挤垮破产,有些历史学家把洛克菲勒在克利夫兰挤垮和兼并其他石油企业的过程形象地称作"克里夫兰大屠杀"。宾夕法尼亚铁路乃是匹兹堡炼油商所依赖的主要石油运输渠道。它的老板汤姆·斯科特通过贿赂宾夕法尼亚州议会立法机构而得到特许状成立了一家"南方改良公司"。按照斯科特的谋划,承运西部石油业务的三家铁路公司——宾夕法尼亚铁路公司、纽约中央铁路公司和伊利铁路公司与美孚石油公司联手共同成为"南方改良公司"的大股东。名义上说,其他石油公司也可以加入"南方改良公司",但是实际上,由于斯科特等三家铁路公司掌握了"南方改良公司"一半的股权,洛克菲勒便通过购买另外近50%的股权而有效地排挤了其他石油生产商。1872年2月,当诸事就绪之后,三家铁路公司便同时对外宣布将铁路运价在原来基础上提高一倍,而"南方改良公司"的成员则可享受高达50%的运价折扣。这一声明引发了一片愤怒的抗议声浪,洛克菲勒则成为石油界的众矢之的,油商们视他为操纵不公平竞争的恶棍,一家报纸称他是"克利夫兰的魔鬼"。

　　魔鬼也好天使也罢,反正在宾夕法尼亚州议会迫于舆论压力取消那张惹祸的特许状之前,洛克菲勒已经利用"南方改良公司"这张牌挤垮了不少竞争对手。1870年,美孚石油公司成立时克利夫兰有26家炼油厂。但是到1872年3月,美孚石油公司就控制了这26家中的22家。洛克菲勒做生意的胃口越来越大。他的做法是先拣最大的那些竞争对手下手,逐一拿下这些有一定实力的对手之后,再对小企业进行威吓,迫于本小力薄,小企业只能乖乖就范。洛克菲勒声称,他为这些被兼并的企业做了一件好事,因为嫌弃它们的话它们也是只赔不赚。可是,被兼并者们自己却不这么看。他们认为自己是洛克菲勒不法竞争的受害者。30年后,当女记者艾达·塔贝尔采访他们时,他们仍然清楚地记得美孚石油公司的谈判员们是如何蛮横霸道,洛克菲勒的手段又是如何的残忍。"克利夫兰大屠杀"给洛克菲勒这个名字留下了一个耻辱的烙印。

　　洛克菲勒并不满足于控制一个克利夫兰,他要控制全美国的石油冶炼行业,他曾于1872年5月倡导建立石油业的"卡特尔",但是未能成功。于是他便到纽约、费城、匹茨堡等各处收购竞争对手。1881年,急于把美孚做大做强的洛克菲勒意外发现了一个提倡"大企业"思想的法律人才,他就是年轻的律师塞缪尔·多德。洛克菲勒求"贤"若渴,高薪聘请多德作了公司的法律顾问。多德受聘后,为报答知遇之恩,千方百计为洛克菲勒的公司寻找法律上可以利用的漏洞。他从信托制度中产生灵感,给洛克菲勒出了一个建立"托拉斯"的主意。所谓"托拉斯"就是一种托管制度。具体说,就是生产同类产品的多家企业,不再各自为政,而是以授权委托,签订委托书的形式高度联合,组成一个综合性企业集团。这种形式比起最初的"卡特尔",即那种各自独立的企业为了掌握市场而在生产和销售方面结成联合战线的形式,垄断性要强得多。

1901年的一幅漫画：洛克菲勒以石油业为基石，生意涉及各个行业

洛克菲勒采纳了多德的"托拉斯"理论，于1882年1月20日召开美孚石油公司的股东大会，组成九人的"受托委员会"，掌管美孚公司的所有股票和附属公司的股票。洛克菲勒被选为该委员会的委员长。随后，受托委员会发行了70万张信托证书，仅洛克菲勒等四人就拥有46万张，占总数的2/3。就这样，洛克菲勒组建了美国第一个大托拉斯企业。在这个托拉斯结构下，总共吞并了158家中小企业同行，合并资本超过了14亿美元，一度控制了全国炼油业90%的生产量，在一百多个国家设有分公司，年利润达几十亿美元。在当时美国工业化的历史环境下，托拉斯在全美各地、各行业迅速蔓延开来，侵入了美国国民经济的大多

美孚石油公司的一个油箱在这幅漫画中被生动地描绘为一只章鱼，触角伸向了钢铁、铜和运输等多个行业

1 "镀金时代"一瞥 · 45

数部门,电力、石油、汽车、化学、钢铁等新技术革命中崛起的新兴产业首当其冲地充当了孕育大托拉斯企业的温床。这些部门不仅具有先进的生产能力和强大的竞争力,而且具有大生产的特点和生产一体化的要求。大规模的重工业产品的生产任务非大生产而不能承担,因此巨型企业便应运而生,成为托拉斯组织产生的物质基础。在短短的时间内,托拉斯组织形式就占了美国经济的90%。到20世纪初期,美国的大托拉斯企业已经发展到三百多家,触角延伸到了石油、钢铁、铜、铁路等基础工业部门以及烟草、糖、酒等消费品生产行业。这些仅占全美企业数量1%的托拉斯却控制了美国制造业的33%以上的产值。

"另一半人"

1870年,纽约市来了个记者,名叫雅各布·里斯。里斯来自丹麦,曾经是《丹麦时代周刊》的编辑和职业摄影记者。里斯移居纽约后,在社会底层挣扎了整整七年。到1877年,他才在纽约找到了第一份工作。再后来,他凭借自己的实力终于成为纽约著名的《论坛报》和美联社的记者,并且也为纽约《太阳晚报》工作过。

里斯才思敏锐,文笔流畅,特别是他还擅长摄影。1870年后,感光速度快的明胶干板和胶卷、配以镁粉闪光器的照相机相继问世,网版法工艺照片和文字得以同时印刷,社会纪实摄影日趋成熟。里斯把摄影技术上的新突破充分运用到了他的职业之中,第一个把摄影当作了社会批评的工具。他花了几年的工夫,走遍了纽约市的那些贫民窟,用相机去记录那里的真人、真事和真实的贫民生活全景。在当时,美国的中上等阶层惯于把贫民窟称为"强盗窝"、"酒鬼巷"、"窃贼街",把生活在那里的移民和劳工看成是美国社会中"无知"、"野蛮"、"卑下"的"另一半人"。里斯用他的镜头记录下了许多关于贫民窟生活的宝贵资料,并撰写了大量有关贫民窟的文章。

1890年,里斯根据他那些实地调查的所见所闻出版了一部书,题目叫《另一半人是怎样生活的》。里斯在他的书中,详细描述了纽约市贫民窟恶劣的生存状况。他提醒读者们,在美国肮脏、拥挤、阴暗的贫民窟里还生活着社会的"另一半人"。他们收入菲薄,三餐难保,饱受疾病和失业的威胁,正挣扎在贫困的煎熬之中。这部书后来成为美国贫民窟历史研究的经典之作。里斯的摄影报道极大地震撼了纽约市民,并引起了当时的纽约州州长西

摄影记者雅各布·里斯和他所著的《另一半人是怎样生活的》

奥多·罗斯福的重视,在罗斯福和众多纽约社会改革者的共同努力之下,臭名远扬的纽约市贫民窟终于得到了改建,童工法也被重新修订。为纪念里斯对社会改革做出的巨大功绩,纽约市政府特意在贫民窟旧址上建立了一座"里斯公园"。

在美国工业化时期,贫民窟并非只有纽约有,里斯也不是报道贫民窟生活的唯一记者,他只是其中报道得最成功的一个。在当时,贫民窟现象乃是美国众多社会问题中最普遍和最严重的一个。世纪之交,当摩天大楼在美国的座座城市中拔地而起时,贫民窟也同样在不断增多。这一时期,美国城市经济的繁荣引来了大批东南欧的移民。他们大多是一贫如洗的农民,来到美国后既没有购置土地的资金,又没有什么专业技能。他们大多直接涌向了工业城市,在那里"安营扎寨",并进入各种工厂充当劳工,他们构成了美国城市贫民阶层的主体,也就是当时上、中产阶层美国人士眼中的"另一半人"。

贫民区内人口过度拥挤、房屋简陋、公用设施缺乏,至于采光、通风、取暖、安全及卫生设施等更无从谈起,使那里成为多种疫病的源头。由于缺少排水系统及污物处理设施,垃圾遍堆于狭窄的陋巷,污水被倾倒在露天的阴沟里,日积月累致使贫民窟里终年弥散着腐臭的气味。而且更为严重的是,污水肆意流淌,难免与邻近水井的饮用水汇合,造成水源污染。恶劣的卫生状况使贫民窟成为各种传染病的滋生地,伤寒、霍乱、白喉等疫病肆虐,并迅速扩散。不仅贫民窟不少男女老幼罹病甚至丧命,也严重威胁着城市其他阶层的健康,特别是成为儿童身心健康的主要威胁。

1889年里斯拍摄的纽约移民家庭

里斯在纽约街头拍摄到的贫困儿童

经济贫困及文化生活匮乏,也使贫民窟成为孕育犯罪的温床。为生活所迫,贫困家庭的儿童往往放弃学业成为小贩,长期流浪在街道上,逐渐学会了欺骗、斗殴,沾染上种种不良习惯,滋生了各种青少年犯罪。里斯在《另一半人是怎样生活的》一书中曾经讲述过一起因贫困而报复社会的凶杀案件:一个饥寒交迫的男子在纽约市第14和15大街的拐角处向过往的人群挥舞屠刀,一通乱砍,原因是他已经无力养家糊口了,而他的妻儿却正在家里眼巴巴地等着他挣钱回来,买米下锅。看到眼前衣着光鲜的富人们一掷千金,一个小时花在购物上的钱足够他购买一家人一年的口粮,这位走投无路的父亲最终向社会举起了复仇的利刃;里斯还曾经报道过发生在某贫民窟里的另一个真实案例:一个名叫哈里·奎尔的15岁男孩在酗酒后与邻家的另一男童发生冲突,双方在所租住处的楼顶上扭打到了一起,在相互攻击的过程中哈里被推入楼里的通风井中摔死,两个月后尸体才被人发现。

美国的劳工作为与机械化大生产联系最紧密的阶层,受大企业之害最深,他们曾经为反对雇主的残酷剥削,争取自身的福利和经济权益组织起来,掀起了波澜壮阔的罢工运动。

贫困和工作环境恶劣是工业化时期劳工斗争的主要原因。从总体上看,这一时期美国工人的处境可以概括为四点,即:工时长、工资低、劳动环境恶劣、失业风险大。工业垄断虽然给美国大资本家带来滚滚财源,却并未眷顾那些财富的真正创造者。当时美国的国家财富的确在日益增多,但却日益集中到越来越少的人手中,从而出现了国家越富劳工越穷的不正常社会现象。比如说,1900年时,美国2%的富有者占据着全国60%的财富。以钢铁大王卡内基为例,他本人在1900年所获得的收入超过2300万美元,而为他干活的工人们忙碌一年所能够得到的劳动报酬平均每人却只有400到500美元。从19世纪90年代到第一次世界大战爆发时,美国人均财富增长了60%,然而工人的同期购买能力反倒下降了5%。众多的劳工家庭都入不敷出,再加上经济危机的频繁发生,造成工人生活的极度贫困。按照1900年前后的物价,生活在中等以上城市的一个五口之家年均基本生活费至少应该在600美元以上,然而每年都有60%以上的工人收入达不到这个标准。比这些更让工人无法忍受的就是工作环境的恶劣。多数工厂的厂房通风条件差,空气污浊,而且缺乏基本的安全保障设施,致使工伤事故频发,还有不少人患上了各种慢性病,成为粉尘、化工原料及其他有毒物质的受害者。1913年美国因工业事故而致残的工人多达一百万人,因工死亡的有25000人。当时美国铁路业的工人伤亡情况最为严重,1901年,在美国铁路工人中,每26人就有一人受工伤,每399人就有一人因工死亡。而且,没有一家公司肯为工人的养老和伤病负责,而是将责任推到受雇者个人身上,只要一出工伤事故,老板们就会说,那是由于受伤者本人"粗心大意"造成的,只字不提工厂缺乏安全生产保障设施的事实。

  1911年3月25号,纽约"三角女装厂"发生了特大火灾,是美国工业化时期工业伤亡事故史上最惨重的一次,火灾现场惨不忍睹,一百四十多名工人死亡,可是,至今却还不知道该由谁来为这些逝去的无辜生命负责。1911年3月25号,星期六下午4点左右,坐落在纽约市曼哈顿的三角妇女服装厂发生火灾,这家工厂与纽约大学仅一墙之隔,是当时美国最大的生产女装的工厂,工厂雇用的工人大多是刚刚移民到美国的年轻女孩。《华盛顿邮报》的撰稿人戴维·凡·德雷尔写了一本书,题目是"三角:改变美国的一场大火"。德雷尔曾经在纽约居住过。他说,三角妇女服装厂的厂房和他的公寓只隔了一条街。

据他讲述:"这家工厂在一座十层楼的第八层、第九层和第十层。星期六下午4点40分左右接近下班的时候,第八层楼的一个裁剪板下面装碎布头的垃圾箱起火了,之后火势迅速蔓延。当时,工厂里有大约五百名工人。"

第八层楼的工人最后死里逃生,第十层楼的工人也从楼顶通过梯子跨越到旁边的一座楼上。可是,第九层的一百四十多名工人却被大火围困。唯一的安全出口被挤塌,另外两个出口,一个着起大火,另一个却无法打开。由于赶来救火的消防人员的梯子只能到达第六层,因此很多女工为了逃命,就手拉着手一起从窗户往下跳。由于冲力太大,把在下面接护她们的安全网冲破,跳楼的女工无一幸存。火灾发生后,一个大陪审团以过失杀人罪对厂主提起公诉,理由是通往第九层楼的紧

"三角女装厂"火灾现场,由于没有安全网,从楼上火海中跳下的女工无一幸存,尸体倒在地上

急通道的门因为被厂方锁住,最终造成工人无处逃生而死亡。1911年12月4号,纽约市刑事法庭开始审讯这个案子。检控方提出的论据是,厂主因为担心工人把衣服偷出厂外,因此把紧急出口的门上了锁。当时出庭的证人有一百五十多名。但是,被告方聘请了当时一位非常著名的律师,他对一个检控方的主要证人进行了紧张的盘问,这位律师"身经百战",而这位证人却是一个还讲不好英语的移民。辩护律师问了她五次有关当时的情况,而每一次她的回答都是相同的,而且逐字逐句都一样。陪审团最后裁决,她的证词是检察官事先教好的。1911年12月27号,陪审团做出被告无罪的判决,理由是无法证明厂主事先知道门是上锁的。1914年3月11号,工人们分别对厂方提起23起民事诉讼,审判结果是,厂方为每个死亡的工人平均支付75美元的赔偿费。德雷尔说,公众对这样的审判结果感到义愤填膺。

即使是这么危险的工作,工人们也不是总能找到,每当经济危机爆发,工人们便会首先成为受害者。以1873年的经济危机为发端,嗣后在1884年、1893年、1902年美国又先后数次陷入经济萧条,而且一次比一次更严重,工厂大量裁员,工资大幅削减,工人大批失业,劳工家庭的生活变得越来越艰难。劳工生活处境的艰难及雇佣者们的冷酷无情导致劳资关系日趋紧张,工人们日益组织起来为改善自身命运而斗争。在政府与雇主的武力镇压下,罢工运动愈演愈烈,流血冲突日益增多。从1873年的经济危机开始,三年半的经济大萧条将一系列的地方冲突激化为一场全国性的斗争。到1877年,全国铁路工人大罢工犹如揭开了美国产业工人愤怒情绪的火山口,在此之后,以移民为主力的工人罢工运

此画表现了1894年普尔门大罢工期间装载肉食品的火车在骑兵的护送下驶离芝加哥肉类加工厂

动风起云涌。即使在经济状况相对较好的1881年,美国还是发生了五百多起罢工事件,罢工人数超过了13万。1886年60多万工人发起了一千五百多次罢工事件。在以后的十余年里,美国每年爆发的工人罢工事件始终不少于1000次。当时影响力比较大的罢工运动主要包括1884年纺织女工和制帽女工联合罢工、1885年纽约制衣工人罢工、1886年全国"五·一"大罢工、1892年卡内基钢铁公司工人罢工、1894年普尔曼铁路工人大罢工、1902年无烟煤矿工人罢工、1912年马塞诸塞州劳伦斯纺织工人大罢工等等。纽约、费城、芝加哥、匹兹堡等大工业城市都成了劳工运动的风暴中心。一种文化的冲突以及阶级间的经济斗争仿佛正在把这个国家撕裂开来。

"城市老板"

1904年,美国人看到了一本书,题目叫《城市之羞》,书里写的全都是他们自己生活的城市,纽约、费城、芝加哥、匹兹堡、圣路易、明尼阿波利斯。作者在书里讲了很多故事,主要是关于政客们是如何操纵选举,出卖市政权利换取个人私利的。故事里用的全是真名实姓,作者说他讲的全是真人实事。政客们都是权倾一方,只手遮天的人物,要探听他们的家底无异于与虎谋皮,这样的书可不是随便什么作者都能写得了的。《城市之羞》的作者叫林肯·斯蒂芬斯,是《麦克卢尔》杂志的记者,为了写好这本书,他曾经出生入死,"深入虎穴",展开过细致的调查,经过他的亲身调查,斯蒂芬斯得出结论:圣路易斯代表着贿赂,印第安纳波利斯意味着官商勾结的不义之财,匹兹堡暴露出一个政治和工业的核心小集团,费城展示了文化制度的彻底腐败,芝加哥是改革的假象,而纽约就是好政府的幻梦。

斯蒂芬斯的评论不是空穴来风。随着美国城市化进程的发展,美国城市政治生活中确实滋生了严重的腐败风气,而且正如斯蒂芬斯所看到的那样,市政腐败并非是个别现象,而是全国性的问题。从道理上讲,城市规模的急剧膨胀和城市事物的日益复杂客观上都要求有一个高效能的行政机构来管理,然而,旧有的市政机构和管理体制却跟不上时代的发展,各个城市都存在着政府机构设置不完备和权限不清的问题,行政机构普遍表现得软弱、低效、无能。这一状态使得一些政客有机可乘,他们拉帮结伙,建立起俗称"政党机器"的政党核心集团。这些集团通过操纵竞选、贿赂官员、安插亲信,构成"无形政府",其中的头号人物往往把持市政实权,成为市政事物真正的主宰者,人称"城市老板"。作为职业政客,这些"城市老板"们善于笼络人心、骗取公众选票。他们常常利用自己是移民或移民后裔的先天优势,接近移民,许以小恩小惠。在贫民们几乎得不到任何政府援助的情况下,一个政客可以靠一袋煤或者一篮食品便轻易换来他们的好感和忠诚。所以在每座城市里,"城市老板"们都把根据地设在比较贫穷、陈旧和简陋的地区。当移民初入美国的时候,人地生疏,"城市老板"们会派人在码头接待移民并协助安置住所、寻找工作。他们还经常开展慈善工作,向移民赠送礼物、免费供餐。所以,不少移民都对他们感恩戴德。他们在市政选举中支持城市老板,并不理会这些施恩者是否有什么政治意图。移民的做法是在情理之中的,但是他们在客观上却给城市老板们帮了大忙。借助移民们的选票,城市老板们可以将亲信安插进市政府的要害部门,进而把持市政府的大权。一旦得手,大企业和各种经济集团就会找上门来与"城市老板们"进行"合作",他们相互利用、各取所得。一方可以贿买到他们想要的各种庇护权、特许权、工程承包合同,从而可以逃避纳税、垄断公用事业的经营、投机地产甚至可以开设酒馆、妓院、赌场,从事各种非法勾当而又不用担心受到法律追究;而另一方则可赚取到大笔的政治赞助、巨额贿赂和各种"保护费"。结果就是,双方"互利互惠","皆大欢喜"。

　　纽约市的威廉·M.特威德是当时美国城市老板中最典

19世纪70年代的纽约"城市老板"威廉·特威德

型,最有实力,也最臭名昭著的一个。威廉·M.特威德1823年4月3日生于纽约曼哈顿,父亲是苏艾人的后裔,以制作椅子为生。特威德靠充当消防志愿者起家。他在纽约组织了一个美国第六消防公司,在公众中产生了广泛的影响,此后先后于1852、1856和1867年被选入美国国会众议院、纽约市顾问署和美国国会参议院,最终成为19世纪纽约市民主党政治机器坦幕尼厅的头目,被当时的人称为"特威德老板"。从外表上看,特威德果真有些老板派头,他身高大约6英尺,体重却足有300磅。但是在他的老板风度背后却藏着一颗邪恶贪婪的心。特威德本人并没有出任市府要职,可他却通过手下亲信享有了对纽约市政府的绝对控制权。在他的权力巅峰时期,纽约市市长及三个最重要的市法官职位全都被他的"特威德"帮成员所垄断,其他公选产生的市政官职中也有不少被他们所掌握。在特威德的指使下,其帮派弟兄通过不法手段操纵选举、贪污市政资金、勒索贿赂,干出了许多令人发指的勾当,而他本人则鲸吞纽约市税款一亿美元。他曾与铁路大王杰伊·古尔德相互勾结,古尔德给了他一个伊利铁路董事的身份,每月可以得到103美元

在这幅漫画中,特威德的脑袋被画成了一个钱袋子,意思是指他贪赃枉法,大发不义之财

的酬报,而他则在城市立法方面为古尔德大开绿灯,使古尔德得到了对伊利铁路的控制权。纽约县级法院的办公楼是特威德的一个"杰作"。按照预算,建造整幢法院大楼将用款 25 万美元,而在特威德的"关照"下,仅购买家具、地毯、窗帘就花去了 550 万美元,到 1872 年特威德倒台时,工程并没有完工,可是纽约市花在这一项目上的工程款却已经达到了 1300 万美元。其中大约 1000 万实际上是进了特威德及其手下的腰包。特威德掌权期间,总共积累了两亿美元的个人财产。

可能有人会问,像这样无法无天之徒怎么可能在台上那么长时间呢?答案是复杂的,但其中有一个因素非常重要,那就是他的平民姿态。特威德没有人们想象中的颐指气使,而是待人温和,处处表现得很有教养,在三教九流中都很有影响力和亲和力,从贫民窟的小胡同到上流社会的俱乐部他都来去自如,深孚众望,这就是他的聪明之处。他对弱势阶层的具体关注,在一定程度上为他赢得了底层大众的支持。当移民们初到美国,他会主动派人帮助他们安置家小、联系工作;当一户贫民家中最主要的劳力伤残或者去世,他也会派人上门捐助衣服、食物,帮助他们渡过难关。他还对医院、孤儿院和其他一些社会救济机构进行捐赠。这些具体而看得见的帮助,最能够打动人心,接受过钱物和其他救助的贫民们都对他感恩戴德。即使在坦幕尼厅黑幕被揭露,特威德琅珰入狱的情况下贫民们依然感念他的恩惠,1878年,当他在狱中死去时,仍然有几百名工人自愿为他送葬。纽约《民族》杂志特别为此撰文:"让我们记住吧,他倒下了,但是他的声誉在他的众多支持者中却毫发无损。现在这座城市里众多的贫穷选民在缅怀他,他们仰视他,把他看做是富人阴谋的受害者。"

最终导致特威德倒台的主要有两个人,一个是漫画家托马斯·奈斯特,另一个是纽约州民主党党魁塞缪尔·蒂尔登。1871年,对于特威德来说是走霉运的一年。这一年,奈斯特在纽约的新闻界中开始揭露特威德的劣迹,他在《哈泼斯周刊》上刊载漫画,将特威德描绘成了一个腐败、淫逸、贪得无厌之徒。不仅如此,奈斯特还指责纽约市民主党主席蒂尔登纵容特威德的贪污腐败行径。蒂尔登原本并不打算"多管闲事",但是在舆论的压力下他硬着头皮同意成立专门委员会,负责调查特威德的问题。1872年,特威德被判入狱,1878年4月12日在监狱中结束了他不光彩的一生。

实际上，城市里的政治腐败乃是整个国家政治状况的缩影，同市政状况一样，这一时期各州以及联邦政府也基本上都落入了政党机器的掌控之中。按照1905年法国人为美国45个州所绘制的一幅政治地图，其中25个州的政治都已完全腐败堕落，另有13个州也已部分陷入腐败之中，而能够做到政治清明的就只剩下了六个州了。

改革的尖兵

商人不法，政治腐败，民生艰难，这样的社会无疑是一个病态的社会，工业化的美国社会患上的是一种"工业文明综合症"，当初英国和其他欧洲国家在走上工业化道路之初，也都曾经历过这种嬗变之痛。患病的人最需要的是医生，美国这个时候最需要的是能为社会匡正祛弊的改革力量，而这股力量最终崛起于中产阶级。

赶上了一个社会转型的新时代，对于工业化时期的美国中产阶级而言，既是幸运的，也是痛苦的。幸运的是，他们能够亲睹国家经济的巨大发展；痛苦的是，大发展的最大受益者并不是他们，而是那些"强盗大亨"。他们所能最直接、最真切地感受到的除了是对自身地位边缘化的愤懑，便是对社会矛盾冲突日趋尖锐的无限忧虑。痛则思变，不平则鸣。在失落和忧惧中，中产阶级率先崛起，成为改革运动的先锋和主力。作为受过良好教育的一个社会阶层，他们是社会改革举措在政府与民间场域中的自觉承担者，也是推动改革运动的中坚力量。为了实现自己的救世理想，他们不停地在理想与现实之间奔走，上通政要，下达民间，教诲民众，打击腐败，治理不法垄断行为，为建立和谐社会而呕心沥血，筚路蓝缕。

中产阶级的改革主要出于三大动机,第一,推动国家立法,管束无法无天的大企业主阶层;第二,安抚民众,并用美国中产阶级文化同化以移民为主的社会底层,弥合阶层裂痕,实现社会的稳定;第三,在社会改革中实现自我,走出地位"边缘化"的处境。世纪之交,美国中产阶级具有两个明显的特征,一是衣食无忧,二是受过良好的教育。因此,他们对权利、荣誉、成就、社会责任与地位等有着强烈的欲求。然而,这一欲求却因为社会上一个更富有、更引人关注、更能呼风唤雨的垄断新富阶层的骤起而难以得到满足。当时的美国,正如美国《改革时代》的作者理查德·霍夫斯塔特所说的那样:"并不缺少机会,但对最高层次追求的人来说,又似乎确实缺少最好的机会。从严格的经济意义上说,不是这一阶层的人在变穷,而是在暴富者的财力与权力面前,他们自惭形秽。他们心里明白,他们今不如昔了。"对于当时的美国城市中产阶层来说,"去面对城市老板及实业大亨的蛮横无理本已令人苦恼至极了,而在一个无论何等的财富、事业、声誉一遇范德比尔特们、哈里曼们、古尔德们、柯立芝们、洛克菲勒们及摩根们的反衬无不黯然失色的年月里,这苦恼便愈发痛楚难耐了",这就是霍夫斯塔特所提出的"地位革命"论。

当人的社会地位和社会角色发生重大改变时,他一方面有可能会自觉改造自己去适应社会,另一方面也有可能会改造社会以利于自己。同时,为了博取社会的赞许,他们也可能会将利己的行为导向符合社会标准的一些利他途径。正因为如此,美国工业化时期的城市中产阶级为了自身的利益,也为了社会的正义和国家的稳定,曾经进行了长达半个世纪的社会改革,这就是美国历史上著名的"进步主义运动"。

2

观念世界的躁动

19、20世纪之交,严重的社会问题困扰着整个美国社会,各种思潮和学说应时而生。一些社会理论学者试图通过对理论的思考来找到社会问题的病灶,从而对症下药,为国家拿出一套医治"工业文明综合症"的良方。

"个人主义"危机

19、20世纪之交,美国最重要的意识形态事变就是"达尔文个人主义"与进步主义改革思潮的双峰并起和力量消长较量。身处社会的巨变之中,一些学者开始从理性的层面与宏观的角度来进行现实的思考,以期对现状做出解释、为未来探求出路,他们搭起了一个批判传统的个人主义和自由放任思想的大舞台,为进步主义改革思想的蓬勃兴起奏响了序曲。

残酷的"丛林法则"

古希腊有一则寓言故事,说的是两千多年前,丛林里曾经举行了一次大集会。那一天,大小动物们一应聚齐,因为他们要用民主的方式讨论如何为动物王国建立一个新秩序。兔子说:丛林法则应该规定,大小动物一律平等,丛林中的事务应该根据民主协商、少数服从多数的原则来决定。小动物们听罢欢欣鼓舞,它们表示热烈支持这个"民主的丛林法则"。麋鹿、山羊、松鼠禁不住为兔子的发言拍掌叫好,然而就在这个时候,狮子突然大吼一声:"我反对!"它伸出了利爪,小动物们惊恐万状,四散而逃。于是,丛林又恢复了它原有的秩序——弱肉强食,适者生存,这就是残酷的"丛林法则"。

19世纪末,英国博物学家查尔斯·达尔文以他的研究和发现为"丛林法则"找到了科学支撑。达尔文自幼热爱自然,对动植物进行过长期的观察研究,1831—1836年,他以博物学家的身份,参加了英国派遣的环球航行,做了五年的科学考察,在动植物和地质方面进行了大量的观察和采集,经过综合探讨,形成了生物进化的概念。1858年7月1日他与A.R.华莱士在伦敦林奈学会上宣读了关于物种起源的论文。1859年,他出版了《物种的起源》,书中系统地阐述了"物竞天择,适者生存"的进化论观点,其大意是:生物都有繁殖过剩的倾向,而生存空间和食物是有限的,所以生物必须为生存而斗争。在同一种群中的个体存在着变异,那些具有能适应环境的有利变异的个体将存活下来,并繁殖后代,不具有有利变异的个体

英国博物学家查尔斯·达尔文

就被淘汰。

《物种的起源》震动了整个学术界,它不仅为自然科学领域的研究带来了新的曙光,也在西方的人文科学界中引发了一场思想革命。正是在达尔文的生物进化论基础之上,英国著名社会学家和哲学家赫伯特·斯宾塞推出了他的社会达尔文主义或曰社会进化论观点。

英国社会学家赫伯特·斯宾塞

斯宾塞是达尔文的挚友和追随者。他试图用达尔文关于生物进化的学说去解释人类社会,并由此而将生物学的进化思想引申到了人类社会,创造了社会有机论。他认为社会就是一个有机体,社会上人与人的关系就如同生物体与细胞的关系一样,社会分工犹如动物器官具有营养、分配和调节的职能,工人承担营养职能,商人承担分配交换职能,而工业资本家则调整生产、分配以及整个社会生活。因此,社会的发展必须按照生物进化中的遗传和变异、自然选择等法则来进行。斯宾塞通过这种按照"职能"来划分阶级的方式将阶级的存在解释成了理所当然的事情,从而宣称,在社会上人与人之间必然要进行生存竞争,其结果必然是适者生存,经过长期的竞争劣等人就会让位于优秀者,就能产生一个由社会的最优秀分子所组成的美好社会。而一个人的贫困则只能证明他不适于生存,而不适于生存者的灭亡则是必然的,也是对社会有益的,因此也是不应该得到救助的。他在其《社会静力学》一书中提出,就像自然界中动物间的残杀可以使年老、体弱、多病、残废、最不善奔跑和最没有力量的全部被消灭一样,"这种净化过程"也是人类达到最后完美状态的保证。

内战后,斯宾塞的理论经过美国历史学家约翰·菲斯克、哲学家威廉·萨姆纳和福音派牧师乔赛亚·斯特朗等人的引介被传入了美国。此时恰逢美国工业化和城市化的历史阶段,工业大亨们正在为聚敛社会财富不择手段,残酷竞争,这种学说的出现恰好迎合了暴富者的心理,为这些人称"强盗大王"的人聚敛不义之财披上了一件合理的外衣。在19世纪最后40年间,斯宾塞的著作在美国的销售量超过了35万册。1882年,当他访问美国时,不仅受到一些学者的仰慕,而且受到安德鲁·卡内基等实业家的热烈欢迎。美国钢铁大王安德鲁·卡内基称,他读罢达尔文和斯宾塞的著作,旋感茅塞顿开,"光明像潮水般涌来,所有的一切都那么清晰"。他不无欣喜地宣布"发现了进化的真理"。作为美国工业化时期新一代大资本家中的顶级人物,他的话无疑代表了这一阶层的心声。在这些人的推崇下,社会达尔文主义逐渐与美国人追求个人自由与成功的"个人主义"的传统价值观念融合起来,成为孕育"自由放任主义"思潮和"财富福音"的温床。

"自由放任主义"思潮是一种保守的哲学,它提倡个人的绝对自由,反对政府的任何干预,要求严格限制政府权力,主张维护现状,反对社会变革。在经济活动中,自由放任主义提倡不受政府干预的自由企业制度,视自由竞争为经济生活的伟大调节器,干预竞争则被说成是压制人类进步冲动的家长式统治。这一哲学的保守性犹如为大垄断者们撑开了一把保护伞,那些靠掠夺社会资源和残酷剥削劳工而大发横财者被描绘成了国家发展建设中的英雄与功臣。在他们的极力推崇之下,自由放任主义几乎成为一种时代的信条。实力阶层总是乐于运用它来向世人证明,该时期美国残酷而剧烈的商业竞争与企业合并以及由此而造成的苦难和灾难,都是一种真理的显现和必然。

向"自由放任主义"宣战

不过,并非所有的美国人都相信"丛林法则",伴随着美国工业化的日益深入,丛生的社会弊病和剧烈的阶级冲突逐渐摧毁了极端个人主义信条的存在基础,经济领域的自由放任行为所结出的种种恶果促使许多思想家开始对这种"不干涉主义"的合理性提出质疑。当时有一群年轻的美国学者,他们以爱德华·贝拉米、莱斯特·沃德、理查德·伊利、赫伯特·克罗利等为代表,对社会达尔文主义和自由放任主义展开了抨击。他们从哲学、社会学、经济学、政治学等角度出发,向以社会达尔文主义为核心的极端个人主义思潮发起全面挑战,在保守的社会思潮中奏出了一曲进步主义的新时代乐章。

在修正个人主义方面,首先迈出了决定性一步的是当时的社会学家莱斯特·沃德。1861年6月18日,沃德出生于伊利诺伊州的朱利尔小镇。在他少年时期,家境并不富裕,所以父母没有送他到学校接受正规教育。沃德自学成才,据说他学会了五国语言,并对数学和地质学尤其感兴趣。从1865年到1881年,沃德曾经供职于财政部,同时就读于乔治·华盛顿大学,并先后于1869年和1872年获得了文学学士和硕士学位。1905年,沃德自荐进入布朗大学任教,而这段经历使他登上了自己思想家生涯中的最高峰。经过长期的研究和写作,沃德成为一名在当时有广泛影响的生物学家,并成为美国社会学的创始人,享有"美国社会学之父"的美誉。沃德从对生物学和社会学知识的认识出发,反对将进化论应用于对社会和经济关系的解释之中。1883年沃德出版了《动力社会学》一书,将"动"的原理增添到斯宾塞的"静"态社会学说之中。沃德指出:斯宾塞仅仅是把社会学当成了一种科学,从未涉及其主动的或曰积极的动力阶段,几乎完全使自己局限在了静态的规律之中。沃德自称是"一个人类进步的使徒",并为美国绘制了"计划型社会"概念的基本模型。他认为人类社会并不与动物世界受同一动力法则的控制,"如果我所说生物的进程是自然的,那么我们必须将社会的进程视作人为的。生物学的基本原理是自然选择,而社会学的基本原理则是人为的选择"。按照这一理论,沃

美国社会学之父莱斯特·沃德

德对社会理论中的自然法则加以攻击。他批判社会达尔文主义者忽视对人的心理因素的重视,只把学说体系建立在单纯的"作为动物的人的行为"上,而不是建立在"理性的人的行动"上。他强调生物的进化与人类社会的进化有着根本的不同,前者是"环境改造动物",而后者则是"人改造环境";前者是一种盲目和浪费的过程,而后者则是人类自觉运用智慧去进行的有目的的活动。在强调人的理性的基础上,沃德进一步指出,"如果自然藉着弱者的灭亡而进步,人类就应该藉着保护弱者而得到发展"。在他看来,合作优于竞争,而个人自由则只能来自社会管理。他指责经济垄断剥夺了许多人成功的机会,要求实行"社会统治",由政府干预经济,制定法律以保障公共利益,制裁无序竞争,实现真正的个人主义。沃德的《动力社会学》向斯宾塞及其《社会静力学》投掷了一枚重磅炸弹,给社会达尔文主义者们来了个釜底抽薪。

沃德的声音并不孤立。在经济学领域里,美国经济学会的一批年轻学者曾经向自由放任的个人主义联合发难,与此同时,美国"制度学派"的创始人索尔斯坦·维布伦也曾对工业巨头们的掠夺和剥削行为予以声讨。

1885年,以理查德·伊利和约翰·康蒙斯等人为首的年轻经济学家们在纽约州的萨拉托加集会,创建了美国经济学会。除去上面提到的这两位之外,亨利·亚当斯、埃德蒙·詹姆斯、西蒙·帕顿和约翰·贝茨·克拉克也都是学会中的活跃分子。他们都曾有过在德国留学的经历,深受卡尔·尼斯、阿道夫·瓦格纳等德国历史学派经济学家的影响,这一学派对古典政治经济学的每一方面都加以质疑。他们指出,旧经济学的核心原则在本质上乃是"自私自利",这种个人主义的经济学不仅违反了基督教的自我牺牲法则,更与现代工业社会中的合作趋势背道而驰。像他们的德国老师一样,这些年轻的经济学者们也都对旧的"机械的经济学"持否定态度,认为它不足以帮助人们理解社会。在他们看来,历史的和统计的研究方法较之旧学派的先验论更有可能反映经济的现实情况。他们因此注重考察经济生活中的实际状况,对公司的行为、市场的运行、金融领域的活动、劳资纠纷的调解等方面展开全面调查研究,为更好的理解各种工业问题及其同政治的关系做出了重大贡献。伊利为经济学界树立了自由探究社会问题的原则,也因此而成为这一备受世人关注的"美国新经济学派"中最具影响力的一位。在美国经济学会的成立致词中,这位31岁的霍普金斯大学教授当众宣布:他们之所以走到一起,目的就是要向传统经济学发出一份"独立声明"。他不顾现行工业制度既得利益者们的强烈反对与迫害,对各种社会事实和政治事实做出了科学的分析。1889年12月,他在给波士顿福音联合会的致词中明确指出,美国社会,尤其是美国的城市议会和政府已然失败,它们不能发挥效力,而美国的当下之需就是复兴宗教与国家主义。"美国新经济学派"具有强烈的人道主义倾向,他们总是将道德与经济学紧密地联系在一起,他们在承认工业社会中个人的主动精神与能动性的同时,又明确指出了自由放任主义的政治危险性与道德腐朽性。他们质疑个人利益是否该被看做经济生活的唯一目的;他们否认无度的竞争对社会有益的说法,也不承认个体的自我满足与社会利益会永远和谐一致。他们反对所谓"政府必须严格远离社会问题"的观点,而是希望政府能够采取积极有效的措施去帮助劳工阶层,并使财富得到更见公平合理的分配。亨利·亚当斯明确指出,"管得最好的政府并非管得最少的政府,而是管得最聪明的政府"。学会成立一年之后,他们便在首次以学会名义发表的宣言中对自由放任原则予以公开谴责,立场鲜明地指出:"我们承认个人进取心在工业生活中的必要性,但同时也认为放任主义学说在政治上是不安全的,在道德上是不健康的,它将国家和公民之间的关系作了不适当的解释。"

几乎与此同时,经济学领域中又崛起了一位更具反叛精神的年轻学者,他就是美国"制度学派"的创始人——索尔斯坦·维布伦。1857年维布伦生于威斯康星州的一个农场主家庭。当工业化在美国兴起时,他正值其人生的黄金时代。这位当年酷爱躲在自家阁楼里读书的少年,在成长过程中逐步显露出了思想家的潜质。早在1874年他进入卡尔顿学院读书的时候,其思想上的早熟已经非常明显;他广泛涉猎斯宾塞、卢梭(1712—1778,法国启蒙思想家、哲学家、教育家和文学家)、赫胥黎(1825—1895,英国博物学家)等人的著作,逐渐成为一个非常具有独立见解的人,被其政治经济学和历史学教授约翰·贝茨·克拉克视为自己最聪明的学生。1881年他又进入约翰·霍普金斯大学研修哲学。在此期间,他研修了著名的进步主义经济学家理查德·伊利教授的经济学课程和著名哲学家查尔斯·皮尔斯教授的逻辑学讲座。从1892年起,维布伦开始了他在芝加哥大学、斯坦福大学、密苏里大学等美国著名高等学府的教学生涯。此间,他不仅继续广泛阅读爱德华·贝拉米以及其他理论家的著作,而且开始将自己的思想见解诉诸笔端。他先后撰写出了《为什么经济学不是进化的科学?》、《有闲阶级论》和《企业论》等著作,对当时流行的所谓"正统"经济学说进行批判。维布伦著述严谨,知识广博,能够看到许多同代人疏于察觉的东西。

在《有闲阶级论》中,维布伦阐述了他本人对经济体制演变的见解,分析了商人阶层的"掠夺性财富"和"摆阔性消费",并对将垄断巨头奉为"最适者"的进化论个人主义观念予以抨击。他的行文中总是充满讥讽,语气刻薄,成为当时有钱阶级批判者中言词最激烈的一个。

维布伦于书中指出,"对贵重商品的摆阔性消费乃是有闲绅士们获取名声的一种手段",他写道:

> 随着财富在其手中积聚起来,他已无法再靠自身的单独努力去有效地显示其财富之多。因此,他便借助于朋友和竞争者,向他们赠送昂贵的礼物或者举办豪华的宴会和娱乐活动。……款待者希望以此与竞争者一较高低,于是竞争者在这里便成了他达到目的的一种手段,他在替款待者消费掉其自身难以单独用完的大量好东西的同时,他也成了这种消费以及款待者的礼节的见证人。

尽管维布伦一再表示自己是一个客观的科学观察者,但是很显然,他对社会上靠剥削他人致富的"有闲阶级"并无好感,从他在著作中所阐述的内容来看,他憎恶有产者们的奢侈生活,而更加欣赏诚实的劳动。他认为人具有"做工的本能","喜欢有效的工作,不喜欢无益的努力"。然而竞争的习惯却与做工的本能不相容。作为一种无益的和浪费的活动,自由竞争只会将人本该用于商品生产和有益服务的努力转移到对金钱的追逐之上,因为在适者生存的法则下,金钱成了衡量成功的最高准则。

维布伦在《商业理论》(1904)以及此后出版的《既定利益与普通人》(1919)、《工程师与价格体系》(1921)等著作中反复强调,工程师与商人的功能乃是截然对立的。他指出,工业体现了人类有效地从事必要工作的自然愿望,是人类早期,即新石器时代的和平文化的产物;然而商业却必须遵照屠杀、俘获、掠夺等人类在最好战的阶段,即原始部落狩猎阶段的规则来进行。然而对于真正的工业而言,这些规则都属于有害的暴力和欺诈手段。维布伦指出,在当时的美国工业社会中,"天赋人权"已经成了资本家们剥削工人的口实,因为在资本主义制度下,全部财产的所有权都已经落入了资本家手中。

当时的哲学领域里也有人在做着修正个人主义的努力。他们就是以威廉·詹姆斯和约翰·杜威师徒为代表的实用主义者。在新的经济和社会形势的压力下,实用主义者开始尝试寻找新的思维角度来对个人主义进行符合社会现状的重新解释,从而将实用主义阐释成为一种与以往那种深奥难解的经院式哲学不同的'入世'哲学。实用主义者认为个人与社会具有相互依存的关系。个人只能存在于社会环境之中,而社会也只能依赖于个人的活动而存在,"自我"本是个体性与社会性的相互统一。他们并不否认个人的自由与利益,并且认为社会也只能通过个人的独创活动而得到前进的动力。但是,他们同时又认为人具有社会的属性,都是社会的成员,根本无法离开社会而存在,"自我"只能存在于与其他自我的关系之中,而个体行为间的相互作用则构成了持续不断的社会过程。因此,他们强调个人与社会同样重要,两者必须相互融通、和谐发展,保持一种健康的平衡关系。威廉·詹姆斯是美国实用主义哲学的奠基人之一。他在1890年出版的《心理学原理》中指出,每个人内心深处都有一个"自我",而每个"自我"都有自己的意志,这种意志一方面受到外在环境的影响,一方面又反作用于外在环境,从而在人与社会环境之间形成一种不停地相互作用相互影响的关系。在詹姆斯的思想体系中,他通过对"自我"与社会环境的辩证关系的论证,为这二者之间建立了一种和谐统一的关系,消解了保守的个人主义中树立起来的个人与社会之间的对立。约翰·杜威也同样重视对个人与社会之间相互作用过程的研究。他站在工具主义的哲学立场上,批判关于个人与社会的对立与分离的传统二元论哲学思想。他将"联合"视为生命活动普遍的存在方式,认为任何一个人都是某种联合的一个方面,人类必须站在一种"联合性"的基础上来看待个人与社会间的关系。他坚信,历史、人、资源等各种社会因素的"幸福联合"将会为人类展现出一幅自由与安宁的民主社会景象。可见,无论是杜威还是詹姆斯都在致力于表明社会和个人之间并没有真正的矛盾,它们是补充因素而非对立因素。哲学家们的努力使个人主义克服了一些消极部分,获得了新的社会性内容。

总之,在美国内战结束后的半个世纪的思想历程中,理论界的一些先觉者们明确地背离了那种在19世纪上半叶占主导地位的个人主义。在他们的努力下,旧的思想营垒被打破,新的进步主义思潮日渐高涨,进步主义改革实践由此获得了坚实的理论基础。

改革号角初鸣

一个美丽的"乌托邦"

1882年32岁的美国青年爱德华·贝拉米(1850—1898)结婚了,两年后,他有了自己的第一个宝贝。好事连连,贝拉米自然喜不自禁,可是,他不过是一位名不见经传的普通作家,虽然写过四部小说,但是没有一部出彩,所以他从未奢望过有谁会同他一起分享这种初为人夫人父的喜悦。但是儿子的出世,还是使贝拉米下定了决心不再平凡下去。他想"火一把",创作出一部令全美国人都爱不释手的小说,一来他要为儿子多赚点"奶粉钱";而更重要的是,他很敏感,他看到了19世纪末期美国社会中存在着太多的问题,他要改革这个社会,让儿子将来能够生活得更好。就这样,他带着喜得贵子的幸福体验和对未来美好生活的憧憬开始了新的创作。1888年,他出版了乌托邦小说《回顾,公元2000—1887》。可能连贝拉米自己都没有想到的是,这部小说在他的名字与一种"国家主义学说"间划上了一道永远的连字符——他成了19世纪末期美国"国家主义"学说的一位重要代表,一个和谐社会的乌托邦愿景自此之后成为他脑际中一直挥之不去的精神宿地:

  1887年5月30日晚,长期患有失眠症的青年朱利安·韦斯特终于被医生用催眠术成功地送入梦乡。可是就在他昏睡不醒的时候,房子却在一场大火中化为灰烬,沉睡中的韦斯特被埋到了地下,直到2000年,当人们挖掘渠道时他才被发现。醒来后,韦斯特发现整个社会已经改天换日。在这个电子化和自动化的模范世界中,处处都显现出安全和丰足。家庭仍是社会的基本单位,但是夫妇和美,男尊女卑不复存在。社会上也不再有等级差别,一切不平等现象均已被消除。在一种全新的"国家主义"体制下,政府拥有和掌握着生产与分配的手段,成为代表人民利益的唯一的辛迪加。商品生产不再是少数资本家以追逐私利为目的的任意经营,而是国家为全体人民谋取福利的统一组织活动;新的世纪和谐而又安宁,那里完全没有了资本主义制度下尔虞我诈的残酷竞争,贫病、战争和犯罪更是闻所未闻,私人储蓄被禁止;童工现象被消灭;高等教育得到普及;没有军队,没有法庭,社会舆论决定一切,处处歌舞升平,人人安居乐业,尽享美好生活……

  这就是贝拉米在《回顾》中为美国人民描绘的美好生活,美丽的乌托邦幻想激起了强烈的社会反响,吸引了众多的追随者,《回顾》成了一本销量高达一百多万册的畅销书,并被译成多种文字在欧美各国出版发行,贝拉米一跃而成为了闻

美国19世纪末的小说家爱德华·贝拉米

名全国的进步主义改革家,对乌托邦的讨论一时间风靡全美,贝拉米俱乐部与贝拉米协会也应运而生。一些著名人物,如索尔斯坦·维布伦、禁酒运动者弗兰西斯·威拉德、作家马克·吐温和威廉·豪威尔斯等都成了他的崇拜者。最终,《回顾》引发了一场全国性的"国家主义"运动。小说出版后不到一年,波士顿首先出现了第一个"国家主义"俱乐部,宣扬贝拉米的思想,讨论公用事业国有化问题。此后十年间,全国27个州中相继出现了162个此类组织。一些刊物也加入了运动的行列,贝拉米本人相继担任了《国家主义者》的撰稿人(1888—1891)和《新国家》的编辑(1891—1894)。各地的俱乐部成员主要以中产阶级专业技术人员为主,他们希望通过教育活动来推进自己的事业,而不愿意借助任何经济利益集团的力量来实现他们的目的。他们既不与社会主义者联合,也不参加任何有组织的劳工运动。他们不强调阶级斗争和集团利益。在他们看来,社会不是各种利益集团的组合而是个体的大量集中,个体间又是靠兄弟情谊在精神上联系在一起。因此,虽然在19世纪90年代早期贝拉米的信仰者们一度在平民党运动中表现活跃,在罗得岛,一

2 观念世界的躁动 · 79

名国家主义者还曾被提名参加了1891年的总统竞选,但是当平民主义者将焦点集中在自由银币问题上时,他们就立即退出了平民主义运动,因为他们感到平民主义者是在争取自我私利,他们对此非常反感。这种思维方式使得"国家主义"运动始终未能与当时的美国劳工运动和农场主运动走到一起。所以,他们虽然提出了改造社会的美好理想,但最终却未能如愿以偿。

"美国生活的希望"

20世纪初期,在美国思想史上又崛起了一位"新国家主义者"——赫伯特·克罗利。他在自己的著作《美国生活的希望》中,为美国描绘了又一幅和谐社会的美好愿景。

与贝拉米一样,克罗利也强调政府角色的重要性,赞成实行强有力的国家管理,主张公共福祉高于个人私利。他在《美国生活的希望》中告诫人们,相信国家的问题可以自我解决乃是一种危险的思想倾向,如果任由社会自然发展最终就必然会导致社会的瓦解。因为这样势必会纵容社会上的实力集团全力以赴地争夺私利,从而使得被践踏了的公众利益无法得到保护。鉴于当时个人主义在美国的盛行已使社会财富日益集中到了少数不负责任者的手中,他认为未来美国生活的希望不再在于放任,而是在于约束,要使个人服从社会,使自我受到克制。然而,克罗利并非贝拉米衣钵的承继者。较之于贝拉米国家主义的空想性质,他所主张的一种"新国家主义",实质上是一种立足现实的社会改造思想。与贝拉米不同,克罗利并不主张解散托拉斯,而只是希望大企业的自由发展能够被纳入联邦政府的监督体制之下。与贝拉米的乌托邦设想不同,克罗利并没有为美国设计一个全新的完美社会,而只是想要对现实的社会状态加以调整,革除暴露出来的弊端,对现行社会制度进行些修修补补。他的著作与其说是为未来勾画的一副蓝图,倒不如说是对现实政府权威的一种实实在在的呼吁。他希望国家通过全面行使其管理职能来实现社会的长治久安。

站在这样的立场上,克罗利为美国社会改革指出了一条"新国家主义"的出路,那就是,把国家变成"一个管理和调节机器",发挥国家的管理与调节功能,从而消除经济高度发展而导致的弊端,缓和社会冲突,维护美国制度的发展。在克罗利看来,当时美国最重要的任务就是使国家在"最好的思想家们"的领导下确定什么是国家利益,然后再通过"仔细的计划和立法"去实现它。他对西奥多·罗斯福总统加强政府权力的做法大加赞赏,誉之为"一位负责任的政治家"和"一种新型国家民主制度的奠基人"。他在《美国生活的希望》中总结了罗斯福当政期间的国内政策和立法主张,并指出,改革是不可避免的历史性趋势,而改革的核心问题就是扩大政府职能,加强国家对经济和社会事务

"新国家主义"的缔造者
赫伯特·克罗利

的干预,这些正是"新国家主义"的思想精髓。

与贝拉米相比,克罗利将自己的设想建立在更加现实的基础之上,为当时的社会改革指出了一条更加可行的道路,他也因此受到了西奥多·罗斯福总统的礼遇。罗斯福总统"为其'新国家主义'一词所倾倒",不仅请他起草了其奥萨瓦托米演说的初稿,而且还直接使用了"新国家主义"的名称。1910年暮春和初夏时节,罗斯福阅读了克罗利的作品,到7月末,当他为西部巡游准备演说词的时候,他写信给克罗利,表示"你关于美国生活的书令我获益匪浅,我不知道在我读过的书中还有哪一部可堪与之相比","我将在我要做的演说中大量采用你的观点"。1912年罗斯福再度"出山"时,他最终采纳了"新国家主义"学说作为竞选纲领。

3

"粪耙子"的威力

人们常称新闻记者是"无冕之王",可有人却叫他们"耙粪者"。这个称呼出自20世纪初期的美国。倒不是那时候真有记者扛着粪耙子去当耙粪工了,而是他们当时因为揭发社会黑幕而被总统西奥多·罗斯福讥讽为手持粪耙子的"耙粪者"(muckraker)。

"粪耙子"问世

揭露社会黑幕原本是正义之举,被比作"耙粪"未免有些难听,究竟当年这些记者是怎么得罪到了罗斯福总统,下面我们就来看看故事的来龙去脉。

总统亲自"命名"

"耙粪者"典出17世纪英国作家约翰·班扬的清教徒寓言小说《天路历程》。书中一人手握粪耙,宁可掏挖秽物,也不愿寻求高尚的事物。罗斯福总统对当时一些专揭社会疮疤的新闻记者们十分恼怒,便从班扬的小说中找出了这个典故,称他们是"手拿粪耙的人",眼睛只知朝下看,专拣社会的污垢,而看不到美国生活中高尚美好的一面。于是,罗斯福的一句气话,给这些记者们送了个虽不甚恭敬但却颇具神韵的绰号;一场知识分子自暴其短的社会批判运动,也就以"耙粪运动"这个不雅的名称载入了史册⋯⋯

1906年4月14日，美国首都华盛顿风和日丽，美国国会议员们齐聚在新众议院办公大楼奠基典礼的会场上。那里彩旗飘飘，一派庄严而喜庆的气氛。按照会议进行的程序安排，一个精致的密封铜盒首先被埋入了地基之下，里面放着一份《独立宣言》、一份美国宪法、一套美国的硬币和一套美国的邮票。随后，美国海军军乐队进行了现场表演，军乐声威武雄壮，令在场的政治家们心中不禁荡漾起一片爱国之情。再接下来是祈祷仪式，议员们个个神态庄重，祈望美利坚合众国生机永驻，繁荣富强。典礼仪式的最后一个环节是总统讲演。罗斯福总统盛装登场，服装发式整洁，宽大的圆形无边眼镜在日光下折射出光芒。不过，议员们都看得出，总统此时面带愠色。

惹恼罗斯福总统的是一群新闻记者。他们从19世纪末期起就在《论坛》、《麦克卢尔》、《麦克卢尔杂志》等刊物上发表文章，揭露美国社会各方面的重重黑幕，为大规模社会改革的到来起着发动舆论的作用。从当时的历史背景看，美国社会正陷于各种问题和矛盾之中：贫富分化赫然，阶级冲突愈演愈烈，有组织的工人罢工正如星火燎原，而大垄断者又恃权专断，参议院成了名副其实的"百万富翁俱乐部"，直逼政府和总统的权柄。罗斯福主政后，审时度势，摆出了支持改革的进步主义姿态，扮演起了"托拉斯克星"的角色，以期达到一石二鸟的效果，藉温和而有限的改良措施去适当抑制托拉斯权力的膨胀，同时疏导消融下层的不满情绪，挽救资本主义制度。在一定阶段和一定程度上，罗斯福容忍了记者们前期的揭露文章。然而，从1906年3月起，《世界主义》开始刊载戴维·格雷厄姆·菲利普斯的《参议院的背叛》，从而使销量扶摇直上,激起舆论哗然,形成了群情激愤的严重势态。至此,一直在容忍媒体的做法却日感忍无可忍的罗斯福现在终于失却了自制力;他被激怒了,他指责美国有些媒体只喜欢搜寻社会丑恶的一面而未能相应的看到高尚的一面。先是对记者们,而后是当众,罗斯福攻击这些他所谓的"耙粪者"。当月17日,在时任参议院议长的斯毕克·坎农所设的晚宴上,罗斯福首次非正式地使用了"耙粪者"的称呼来贬损"各报刊杂志那些手拿粪耙的人",指责他们蛊惑人心,攻击公众人物及公职人员,为劳工领袖的恶意攻击行为辩护等等。情势所迫,罗斯福决定对其立场作详尽阐述,于是便有了1906年4月14日那次公开表态:

> 我之所以想做此次演说是因为长久以来人们对我误会很深,故而我想全面阐述我的观点。例如,你知道,我想放进阳光与空气,不过我可不想连阴沟的恶气一并放入。如果房内恶气充溢,又窗户紧闭,那我完全同意敲开窗子,但我绝不会把排污管凿个洞出来……我反对粉饰弊端,也同样不赞成凭空抹黑,对我来说,似乎反对其一绝不代表赞同另一方面,这一点我必须澄清。

罗斯福情绪激动,不时地握紧右拳,右臂随着演讲的抑扬顿挫有力地在空中上下挥动。他是总统,他不得不与国会议员们打交道。因此,他的改革追求也必须是有限度的,是取决于现实政治需要的。议员们腐败也罢,清廉也罢,他们都是合众国的立法者。身为总统,罗斯福要想将任何改革措施写入美国法律,都不得不跟这些人再三"讨价还价"。他要改革国会两院,要整饬站在他们身后的垄断巨鳄,而这又先得得到这些议员们的首肯才能办到。他担心这些新闻记者们过度的情感介入会导致其丧失必要的理智与冷静的头脑,从而走向极端,或激怒实力阶层,或导引劳工走上与资本主义相对抗的政治道路。罗斯福之所以会发表上述言论,其原因新闻记者们也心知肚明,女记者艾达·塔贝尔曾经说过:"罗斯福就是害怕这些'耙粪者'会给由国外燃起的本已炽热难抑的革命烈焰火上添薪,导致人们转向社会主义。"塔贝尔一语道破个中玄机。

"黄色双胞胎"

"粪耙子"问世的故事得从一对"小黄孩"说起,因为他们跟"耙粪运动"有着直接的关系。具体地说,在"耙粪运动"大规模兴起之前,他们也曾经充当过搜寻社会污垢的角色。这对"小黄孩"虽然长得怪模怪样,但却聪明可爱,耳聪目明。他们总喜欢走街串巷,把看到和听到的社会丑闻和不公平的事情讲给大家听。他们讲故事时虽然不是捕风捉影,但是有时候也会有些夸大事实,没有做到不偏不倚。所以,他们还算不上是真正的"耙粪者",不过他们的行为却给当时的媒体老板和新闻记者们提了醒。现在就来看看"小黄孩"的出身来历。

在19世纪末的最后三十几年里,有一种"黄色新闻"曾在美国盛极一时。这种新闻的特点是利用读者的猎奇心理,在报道内容上主要渲染色情场景、绘声绘色地描写犯罪细节或者生动地揭露其他社会丑闻;在手法上则多采用具有煽动性、刺激性的大标题,或者是色彩鲜明的图片等等,通过刺激读者的感官,以求达到轰动的效应。这种"黄色新闻"的创始人乃是大名鼎鼎的约瑟夫·普利策和威廉姆·伦道夫·赫斯特。更确切地说,"黄色新闻"的诞生乃是当时他们双方激烈竞争的结果。

普利策生于1847年。这位匈牙利移民的后代日后成了美国现代报业的奠基人。他的创新精神重塑了美国报纸媒体的面貌。

1878年,普利策曾买下了《圣路易斯电讯报》,改名为《圣路易斯快邮报》。他宣布以报道真实的一切和攻击一切罪行和腐败行为为办报宗旨,每天刊登一些与普通市民息息相关的消息,对政治腐败和不公平的税收政策等给予抨击,初步显现出他对揭露社会黑幕的兴趣。

1883年,普利策买下了负债累累的纽约《世界报》。这使他的新闻事业获得了更大的发展契机。他在报纸的发刊词中写到:"《世界报》的全部财产已由本人购买了。从今天起将置于一种与过去完全不同的管理之下,人员、设施和方法不同;宗旨、政策和原则不同;同情和信念不同;脑与心不同……在这个日益繁荣的城市里,需要这样一种日报。它不仅售价

普利策的《世界报》

3 "粪耙子"的威力

低廉,而且内容精彩;不仅内容精彩,而且篇幅浩大;不仅篇幅浩大,而且是真正民主的,是真正站在人民一边,而不是倒在那些有钱有势的人们的一边。它要多发新近的消息,少发过时的消息。它将暴露一切诡骗和无耻,抨击一切危害公众的恣虐和弊端,并以真挚诚恳的态度为人民而奋斗。"普利策使《世界报》继承了《快邮报》所倡扬的改革精神,并具体提出了10条改良社会的措施:第一,对奢侈品征税;第二,对遗产征收继承税;第三,对高收入征收所得税;第四,对垄断公司征税;第五,对享有特权的公司征税;第六,征收入税;第七,改革行政机构;第八,严惩贪官污吏;第九,严惩倒卖选票者;第十,严惩在选举中左右雇员选票的雇主。这些措施的提出在当时是相当激进的。本着这样的宗旨,普利策在接手《世界报》后,便对它进行了大胆的改造,聘用一流的编辑记者,针砭时弊,用浅显的语言说出深刻的道理,《世界报》的报道充满了有趣的情节,迎合商人、工人和主妇们的口味,反映劳动者的心声,洋溢着鲜活的生命力,形成了一种以煽情为主的风格。普利策创立的"煽情主义",很快就为他赢得了众多读者,特别是《世界报》在每周末出版的星期刊上还开设了一个名为"霍根小巷"的漫画专栏。漫画中的主人公是一个没有头发、没有牙齿的儿童,身穿一件宽大的黄色睡袍,被称为"黄孩子"(Yellow Kid)。"黄孩子"虽然长得怪模怪样,但却喜欢走街串巷,所以消息灵通。在"霍根小巷"里,他把他的所见所闻生动地讲述给公众。这个漫画专栏深受读者欢迎,每逢周日,人们便争相购买《世界报》,致使它在公众中的影响越来越大。

然而,正当普利策的事业如日中天的时候,一个来自加利福尼亚的年轻人闯进了纽约报业界。他就是后来建立了报业帝国的赫斯特。在随后的日子里,赫斯特的《纽约新闻报》与普利策的《世界报》之间发生了"殊死较量",结果是导致了"黄色新闻"的产生与流行。1895赫斯特以18万美元买下了纽约的《新闻晨报》,并将其改名为《纽约新闻报》。他以《纽约新闻报》为基地,同普利策的《世界报》展开了激烈的竞争。他模仿普利策的手法,也用煽情新闻来争取读者,扩大发行量,但却比普利策做得更刺激、更过火。在《纽约新闻报》上,充斥着各种犯罪、暴力、骚乱、灾祸、色情新闻,把煽情新闻推到了史无前例的登峰造极的程度。为了打败对手,除了在报纸上大登暴露性、犯罪性、煽动性新闻外,赫斯特还不惜以高薪网罗各种人才。他曾花重金挖来《世界报》星期刊漫画专栏的全班人马,想以此一举击垮《世界报》。赫斯特将《世界报》星期刊漫画专栏全部人马挖到手后,在自己的《纽约新闻报》上继续出版"霍根小巷"漫画专栏,主人公仍是那个穿黄袍子的孩子。而普利策也并未就此善罢甘休,他另请高手,坚持让"霍根小巷"漫画专栏在《世界报》上继续出版,主人公也还是那个身穿黄袍的儿童。这样一来,在纽约就出现了两家大报纸同时刊载同名漫画专栏的有趣现象,诞生了一对可爱的"黄色双胞胎"。随着普利策与赫斯特之间竞争的白热化,这对"黄色双胞胎"也逐步走进了美国的千家万户。由于国内其他报刊看到此种做法有利可图,便也纷纷效仿,这就更加使得"小黄孩"成了家喻户晓的人物,为读者所津津乐道。于是,人们就将登有黄孩子形象的报刊称为"黄色报刊"(Yellow Press),"黄色新闻"由此便成为专门描写暴力、犯罪、卖淫、酗酒、官场腐败等事件,制造耸人听闻效果的新闻报道的代名词。

虽然"黄色新闻"难免低俗或者夸大等毛病,但在客观上却的确起到了揭露社会黑幕的作用。尤为可贵的是,它激发起了大众对社会问题的关注,同时也提示报界中人,不要忘记新闻具有揭露和监督的作用。20世纪初,在"黄色新闻"随着《纽约世界报》的退出而淡去后,它的影响却并未随之消失。普利策的办报宗旨,赫斯特所谓惩恶扬善的斗争精神,甚至"黄色新闻"的彩色漫画及大号标题等惯用手法,都在以后的新闻报道中得到了沿用。就这样,可爱的"小黄孩"用"黄色新闻"为一场声势浩大的"耙粪运动"奏响了序曲。

第一把"粪耙子"

当年的美国新闻界曾经有一场笔墨官司非常有趣,内容是三位著名的新闻记者争论是谁第一个拿起了"粪耙子"。林肯·斯蒂芬斯、雷纳德·贝克和马克·萨利文都曾经因为揭露社会黑幕而名噪一时,而有意思的是他们都宣称自己是第一位"耙粪者"。斯蒂芬斯在他的自传中将《圣路易市的特威德统治时代》一文标注为"第一篇黑幕揭发文章",因为该文首次刊登于1902年10月的《麦克卢尔杂志》,比塔贝尔的《美孚石油公司史》早出现一个月。而贝克则曾专门致信菲勒教授,提醒这位研究"黑幕揭发运动"的权威学者注意他的两篇文章——《北太平洋铁路的交易》和《美国钢铁公司到底是什么及其运转情况》,因为它们在发表的时间上要比斯蒂芬斯的文章出现得更早;萨利文也积极为自己争取这个"第一"的荣誉。他在《一个美国人的教育》一文中宣称,"事实上,第一篇揭发政治黑幕的文章就是一年前的1901年10月我为《大西洋月刊》所写的《'宾夕法尼亚'的弊病》"。其实他们大可不必为争个第一如此失之大方,一则无论谁先谁后,他们对"黑幕揭发运动"都具有杰出贡献;二则,在他们扛起"粪耙子"之前,早就有人捷足先登了,那个人就是亨利·德玛莱斯特·劳埃德。

劳埃德毕业于哥伦比亚大学法律系,曾经参加过一场"自由贸易运动",后来因为迎娶了芝加哥《论坛》家族的女儿为妻,而成为它的编辑。出于职业的敏感和责任心,早在70年代后期,他就开始关注美孚石油公司,并在自家刊物上发表社论尖锐抨击它的不法行为。劳埃德走访过不少洛科菲勒的受害者,掌握了美孚的很多黑幕。1881年,他又在《大西洋月刊》上发表文章,题目叫"一个大垄断企业的故事"。他在这篇文章中指出,美孚石油公司的劣迹威胁了美国的民主,已经成为社会的"一个公敌"。他揭露美孚石油公司一贯贿赂国会议员,辛辣地谴责它"对于宾夕法尼亚的立法机关除了将它提炼之外,已经无所不为"。他从消费者的角度出发,在文章的开篇写到:"在4000万燃用煤油的人民中没有谁知道,煤油的生产加工、出口、国内外售价多年来一直都被一家公司所控制——美孚石油公司。"劳埃德不愧是用词的高手,在这篇文章中,他首次使用了"章鱼"一词来比喻美孚公司。自此之后,在美国人的心目中那张牙舞爪的章鱼形象便永久性地与到处伸手的美孚石油公司牢牢地绑在了一起。在公众口中,章鱼成了美孚公司的代名词,以后又被延伸为对当时不法垄断企业的一个泛称。在整个80年代,劳埃德始终不曾把自己的视线从美孚石油公司的不法经营行为上转移开来,直至1894年,他又出版了一部长篇著作来揭露美孚石油公司的劣迹,这就是那部《对抗国家的财富》。在这部书中,劳埃德详细地叙述了美孚石油公司的发迹历程,其中既包括对洛克菲勒的聪明才智,也包括对他的不法犯罪行为的描述。劳埃德对这一巨型公司的行贿、欺诈、腐败、恐吓等种种当时尚不为人所知的罪行进行了详细的报道,情节生动,扣人心弦。事实上,《对抗国家的财富》也是对当时整个美国资本主义制度的控诉。劳埃德总结道:商人的真正目的就是取得垄断利润,假如他们继续我行我素,那么结果很可能是一场暴力血腥的阶级斗争。他宣称:再不马上行动就来不及了,因为这个国家早已经面临苦难、灾害、仇恨和衰退。按照美国历史学家路易·非勒的观点,劳埃德的这部《对抗国家的财富》应当被认为是第一部黑幕揭发作品。这种观点不无道理,因为它的问世比大批黑幕揭发作品的出现要早八年左右,而比艾达·塔贝尔所著的同题材作品——《美孚石油公司史》,则早了将近九年的时间。

口诛笔伐

"耙粪运动"最早的两块前沿阵地是《竞技场》和《麦克卢尔杂志》。

《竞技场》于1889年12月创刊,到1909年8月结束其使命,前后存续了20年。其间刊登了许多揭露时弊、倡导改革精神的文章,尤其是在19世纪90年代中期,随着美国经济大萧条时期的到来,贫困、血汗工厂、贫民窟的治理、失业以及童工问题等等都成了这一刊物所讨论的重要话题,以致它逐渐发展成为一家专门揭发社会丑闻的杂志。1900年6月,弗兰克·帕森斯在《竞技场》上发表文章讨论菲律宾的自由问题,指出在美国帝国主义是比垄断更大的危险。10月,克林顿·伍德洛夫又在《竞技场》上撰文揭露1899年费拉德尔菲亚市的竞选骗局。这个刊物之所以能够走上"黑幕揭发"的道路跟他的第一任主编本杰明·弗劳尔有直接的关系。弗劳尔是一位社会改革运动执著的倡导者,人称"民主的编辑总长"。1901年,弗劳尔在《竞技场》的1月号上刊登了他亲自撰写的文章《一个进步的计划》,成为当年最为轰动的新闻报道之一。他在文章中告诉读者,垄断企业的干预已经使美国政府失去了它的执政自由。他呼吁回归《独立宣言》的精神,并提出了限制私人垄断的不法行为、给失业者以工作、实行劳动仲裁制和直接预选、实现自然资源国有化等一系列的进步主义主张。在他的影响下,《竞技场》经常举办专题论坛,并且还刊登过哈姆林·加兰、亨利·乔治、乔治·赫伦、弗兰克·帕森斯等许多著名"黑幕揭发记者"的文稿,内容涵盖了铁路、托拉斯、无记名选举、市政管理和合作化运动等多方面的问题,率先点燃了黑幕揭发运动的第一把火炬。

尽管《竞技场》被公认为是黑幕揭发杂志中的先驱,但是它的功绩却无法与后起的《麦克卢尔杂志》相匹敌。1893年6月,《麦克卢尔杂志》的创刊在美国新闻期刊史上具有划时代的意义,因为它标志着一个廉价大众刊物时代的开始。《麦克卢尔杂志》的创始人塞缪尔·麦克卢尔从一开始就表现得与众不同:第一,他用社论呼唤读者注意社会问题;第二,他每份杂志只卖15美分(当时美国报纸的售价大多还处在每份25到35美分之间)。麦克卢尔的做法非同凡响,因为这意味着他给普通市民提供了一份买得起,愿意读的杂志。当然,一个新的新闻时代的到来绝不可能是某一个人的功劳。当时廉价大众刊物之所以能够在美国逐渐流行是多种因素相互作用的结果。比如说,新型印刷技术的发明、报纸分拣技术的改进、新闻报道方向的调整、大众文盲率的降低等等,但是也无可否认,麦克卢尔在引领新的新闻媒体经营理念和推广廉价大众刊物方面确实走在了多数同业者的前面。

《麦克卢尔杂志》的创刊人塞缪尔·麦克卢尔

麦克卢尔自誉为"最好的编辑"。比起《竞技场》来,他麾下的优秀记者更多、实力更强,所产生的凡响也更广。他将一批年富力强的作者招致旗下,组成了一支"无与伦比的"新闻生力军,为他们提供"丰厚的收入、广阔的发展空间",以及宽松的创作环境。他甚至很少对交稿时间加以限制,从而促进了一批优秀作者与作品的产生。1903年1月《麦克卢尔杂志》同时发表了林肯·斯蒂芬斯的《明尼阿波利斯之羞》、艾达·塔贝尔的《美孚石油公司史》以及雷·S. 贝克的《工作的权利》。虽然三篇文章分别涉及了政府、企业和劳工三个不同的领域,但却不约而同地瞄准了各个领域所存在

林肯·斯蒂芬斯和他发表在《麦克卢尔杂志》上的《明尼阿波利斯之羞》

的问题,在揭露社会黑幕这一点上走到了一处。《明尼阿波利斯之羞》揭露了市政官员如何雇佣罪犯违法犯罪;《工作的权利》对罢工中存在的野蛮行为予以谴责;而《美孚石油公司史》则将洛克菲勒及其同伙建立石油垄断企业而肆意践踏法律的种种手段描述得淋漓尽致。为了引人注意,麦克卢尔还专门同刊发表一篇社论,措辞激昂有力:

> 读过本期杂志的人中有多少注意到该期刊登了三篇同一主题的文章?我们绝非有意为之;《麦克卢尔杂志》一月号对美国人如此责难而足令每一个人驻足思考,这纯属巧合。
>
> 领衔文章《明尼阿波利斯之羞》或许更该被称为《美国人对法律的蔑视》。而这一标题也同样适用于本期上塔贝尔小姐的《美孚石油公司史》。若用于贝克的《工作的权利》,那也绝对合适。此三者结合起来,已足以反映我们的特性之危险已然非常普遍。
>
> 资本家、劳工、政客、市民——所有的人全都在违法或听凭他人违法。还剩下谁来坚守法律?律师?这个国家一些最好的律师并非受雇去做法庭辩护,而是替公司和企业谋划钻

麦克卢尔的社论

法律的空子却不会被严厉处罚;法官?太多的法官是如此重法,以至于他们为某些"错误"或托词而官复原位,并恢复那些被充分证明有罪者的自由;教会?我们知道有这么一个古老而富有的教会,现在不得不受坦慕尼协会延聘的卫生官员驱使,保持其廉租屋的卫生;大学?它们根本就不懂。

　　再没别人了;只有我们。……我们,我们每一个人,终将被迫付出代价。而归根结底,这代价的总和就是我们的自由。

　　这篇社论为"黑幕揭发运动"吹响了号角,它向公众发出了改革的号召,而随

此幅画表现了黑幕揭发记者们以笔作剑,向社会不公发起挑战

着越来越多的新闻记者参与到揭露社会黑幕的行列之中，"黑幕揭发运动"就一发而不可收了。

"黑幕揭发运动"于20世纪初日渐高涨，此后10余年间，声势日盛，"引起了全国民众的注意"，为进步主义改革充当了舆论先导。1901至1902年间，大量"黑幕揭发"文章在各家报刊上连篇累牍地对社会问题予以抨击，引起广泛社会关注，致使该运动在随后的三四年时间里迅速走向高潮，运动的舆论阵地也从报纸专栏迅速扩展到各种媒体。报纸、杂志、书籍上关于犯罪、腐败、贪污等各种主要社会问题的报道与评论铺天盖地，使公众从中认识到了美国所面临并急需修正的问题。1906年后该运动逐渐现出颓势。一方面是由于公众在长期大量阅读黑幕揭露作品后产生了厌倦心理；另一方面，则是进步主义改革使人们产生了问题正在得到解决的乐观情绪。从美国内战结束后"黑幕揭发运动"初现端倪到第一次世界大战来临，时间跨度长达近半个世纪，对于一个社会运动而言，其持续的时间已不算短，公众在初时的新奇感和愤慨情绪过后，必然会对长期重复阅读同类作品而感到乏味，再加上多数作品仅仅停留于对社会问题的揭露而极少触及对问题根源的分析，便很难引发和保持公众更深入的兴趣。不仅如此，进步主义改革在全国各个领域的相继展开也使得公众，乃至黑幕揭发者们本身产生了松懈心理，认为黑幕揭发者们一直在揭露的问题大多已然被解决掉了。上至罗斯福总统的"新国家主义"政治哲学和威尔逊总统的"新自由"方略，下到地方政府的施政改革和民间性社会工作，都已对"黑幕揭露"作品中所暴露的问题予以了重视。上述情况使"黑幕揭发运动"逐渐走向衰落。第一次世界大战的来临又进一步加速了这种趋势。战争的威胁使公众的兴趣发生了转移,人们开始关注战争的局势以及美国是否参战的新话题,"耙粪者"们揭发黑幕的激情也随之减弱。他们陆续开始转写其他内容或者干脆改行从事其他职业。1912年以后,继续以揭露社会黑幕为宗旨的刊物就只剩下了《皮尔森杂志》一家,其他则或者易手或者改变了宗旨。就连一度表现最为坚决的《麦克卢尔杂志》和《美国人》也先后为保守企业所购买,失去了昔日的锋芒。20世纪初期时的12家黑幕揭露杂志到1914年之后,基本上均已偃旗息鼓,轰轰烈烈数十年的"黑幕揭发运动"也随之归于了平静。

从整个"黑幕揭发运动"的情况来看,不排除有某些揭发作品乃是应廉价通俗刊物迎合读者口味的要求所写,出于吸引读者的目的,在行文中刻意夸张渲染,滥用了煽情主义的写作手法。但是当时的"黑幕揭发"作品数以千计,存在这类问题的毕竟只是少数,大多数作者的写作态度都是严肃的。斯蒂芬斯年出稿量仅为四篇,而塔贝尔则是五年才成一书。为了言之有据,他们都曾经花去大量的时间和精力进行实地调查,明察暗访后才肯动笔。"黑幕揭发"之所以又有"调查性报道"之称,就是因为作者们总是以客观调查为报道前提,非常重视新闻的科学性。他们强调记者要像"新闻机器",不偏不倚,尊重事实。斯蒂芬斯总是在掌握了大量证据之后才肯说话,所以他从不怕与被揭发者对簿公堂,因为对于他的报道的真实性,包括那些被揭发者本人在内,大家心里都有数。辛克莱曾经力图遵照一个史学工作者的职业要求去进行自己的报导活动,当他晚年追忆一生的文学生涯时,曾经写道:"我就我所告知读者之事的准确性向他们负责,我且就此声明我已尽全力确保事实报道准确无误,我曾写过千余封信给这样或者那样的现场的目击者抑或是情报的知情者。"塔贝尔在采访过程中曾经反复声明,"我要的是事实"。其结果是,她几乎将《美孚石油公司史》写成了一部学术性著作,详实的文件资料、不偏不倚的风格会使读者感觉,他们俨然是在阅读一部史书。就连塔贝尔自己也始终没能够搞清楚,自己究竟是个历史学家,还是一个"黑幕揭发"记者。但有一点她可以肯定,那就是在《美孚石油公司史》的调查和写作过程中,她始终都在履行一个历史学家的责任。可见,"黑幕揭发者"并非以文换钱的三流文人,他们是具有社会良知与责任感的新闻记者,他们对社会黑幕的口诛也罢笔伐也好,都是言出有据的。

道义与文章

用文章阐扬道义乃是新闻记者的天职,而美国工业化时期的两位黑幕揭发者艾达·塔贝尔和厄普顿·辛克莱则堪称记者中的楷模。他们仗义直言,坚守正道,为美国民众维护了道德与法纪的尊严。

挑战石油大王

1892年春季的一天,精力充沛、富于远见卓识的麦克卢尔三步并作两步地登上了巴黎一座公寓的四层楼,扣响了一户人家的房门。麦克卢尔当时正处于创业的起步阶段,他在纽约创办的《麦克卢尔杂志》尚不为众人所知。不过,麦克卢尔却对前景充满希望。他不时地往来于纽约和欧洲各地,为自己刚刚创办的刊物《麦克卢尔杂志》招揽贤才。此行到巴黎,他是专门来拜访一位当时同样没有多大名气的美国女作家艾达·M.塔贝尔的。原来,就在前不久,他偶然在其合伙

"我坐不住。"麦克卢尔主张周游各地搜集新闻素材,图为他在妻子陪同下做跨越大西洋之旅

人菲利普斯的办公桌上发现了一篇署名为"艾达·M.塔贝尔"的文章校样,这篇名为《阿尔芬德流连于巴黎街头》的文章给他留下了深刻的印象。于是,便有了此次造访和日后二人合作的缘分。

塔贝尔应声开门。她双目有神,鼻梁高挺,双唇棱角分明,下巴坚毅有力,光洁乌亮的发髻整齐地挽在脑后,一袭高领长裙衬出高挑的身材。看上去,既超然淡定又富于学者风度。她当时正寓居巴黎,筹划写一部传记,而麦克卢尔则试图劝说她改变初衷,共图大业。麦克卢尔滔滔不绝地向她描绘着他的宏图大志和《麦克卢尔杂志》的辉煌前景,直讲得手舞足蹈,神采飞扬。塔贝尔冷静地听着,但却并不以为然,因为当时的《麦克卢尔杂志》在业界立足未稳,它的老板还一文不名。告别时,麦克卢尔向塔贝尔借了40美元做路费,塔贝

塔贝尔36岁时在伦敦留影，身上穿的是她自己设计的裙装（左）
60岁时的塔贝尔（右）

尔根本没有指望钱还能被还回来，她告诉自己："我永远不会再见到这些钱了。"

不过，塔贝尔真的低估了麦克卢尔的能力，他不仅很快还了钱，而且还在两年后为她出路费，邀请她回到纽约。塔贝尔来到《麦克卢尔杂志》供职后，先做撰稿人，后又成为专职记者。塔贝尔聪慧机敏，勇气过人，麦克卢尔则知人善任，慧眼识英雄。他们一旦连手，不愁不出惊人之作。塔贝尔先后创作了《拿破仑·波拿巴短暂的一生》和《亚伯拉罕·林肯的早年生活》，为该刊赢得了不少读者，在与《世纪》杂志的竞争中占了上风。自此之后，《麦克卢尔杂志》和塔贝尔的"人气指数"开始直线上升，到1900年前后，该刊拥有

35万户读者家庭,发行量位居全美第二。

1897年麦克卢尔提出要对美孚石油公司进行系统、深入、全面的调查,已成为《麦克卢尔杂志》主笔之一的塔贝尔欣然受命。因为她对美国石油业的发展历程曾有亲身体会,做这方面的报道对她来说乃是轻车熟路。但是,塔贝尔的父亲获悉后却忧惧交加。他劝女儿千万别去招惹这个势力庞大的石油巨鳄:"艾达,不要写它,他们会毁掉这个杂志的。"塔贝尔父亲的忧虑事出有因。他本身就曾经是美国早期石油业经营者,不幸在美孚石油公司崛起的过程中,同众多中小石油企业主一样遭遇了灭顶之灾。他的合伙人难以承受企业破产的巨大打击,自杀身亡,给他留下了沉重的经营债务。为了清偿债款,他不得不变卖家产,典当房屋,带领家人背井离乡。

不过,临危退缩却不是塔贝尔的性格。在麦克卢尔的支持与鼓励下,她前后历时五年,耗资五万美元,最终完成了《美孚石油公司史》。自1902年11月起,该书在《麦克卢尔杂志》上刊登,连载15个月,在全国范围内取得了前所未有的轰动。

《美孚石油公司史》揭露了洛克菲勒及美孚石油公司建立石油垄断的种种手段和累累劣迹,描述了美孚石油公司的起源及其惯用的聚敛财富的手法。通过对大量文献资料的阅读分析和对相关人员的走访,塔贝尔向人们清楚地揭示了洛克菲勒靠非法牟利而发迹的所谓"美孚石油方式"。然而,其写作手法并非如人们想象的那样充满了义愤填膺的谴责,相反,塔贝尔以冷静、客观的笔触实事求是地勾勒出了洛克菲勒集团的全貌。塔贝尔将美孚石油公司描绘成了一个极

塔贝尔在《麦克卢尔杂志》上发表系列文章讲述美孚石油公司的历史

其富于效率、组织相当完善的经济组织。她还向人们指出,洛克菲勒为美国带来的"效率观念"使美国人从中受益。但她同时也毫不留情地揭露了美孚石油公司商业活动中那些鲜为人知的不正当行为的内幕,如实报道了由美孚一手编织的欺诈、贪污、官商勾结的网络是如何扰乱正常的经济竞争秩序,并诱使官员们为其所用,以致滋生腐败的事实真相。整篇报道言之凿凿,令人愤慨,发人深省,塔贝尔明确表示反对商业特权,称之为不公平竞争中的"最残酷的手段"。她反对美孚公司非法攫取同行利益,靠垄断特权"扼杀"竞争者,同时也表示出了对垄断所带来的道

《美孚石油公司史》发表后,洛克菲勒表面上若无其事,实际上健康受损

德失范的忧虑,她担心像美孚那样推崇财富即真理,不惜以威胁、行贿和诈骗等不法手段取得成功的行为终将危害整个社会伦理道德的健康发展,诱导人们将商场视为战场,把道德置于脑后。她事后自述:"我越对我的专题进行深入研究,它就令我越加愤恨,我感到世上再大的成就也不足以为那些做法开脱罪责。"

不过,塔贝尔对"愤恨"的表露却是极其慎重的,语气平和,资料翔实,颇有史家风范。塔贝尔曾在著名的索邦大学(即巴黎四大)学习过,并曾经在法国一家有影响力的教育杂志担任副主编。她深受当时的法国历史学派的影响,认为,作为记者,应该态度客观、中立,去发现并描述事实,不应在报道中添加任何个人感情色彩。对新闻职业的这一理解,决定了塔贝尔在《美孚石油公司史》中的写作风格。《美孚石油公司史》的写作风格素以冷静客观著称,这已经是美国新闻史上一个公认的事实了。塔贝尔的报道虽令洛克菲勒集团气愤不已,但却终归无可奈何。因为它无法给出任何证据证明《美孚石油公司史》中的描述存在着凭空臆断或者夸张之处。动笔之前，塔贝尔不仅亲身实地调查采访了许多当事人，还充分研究了有关美孚石油公司的大量"可信文件"，其中既有自19世纪末期该公司成立以来美国国会及各州议会对其进行调查后留存的书面记录，又有公司员工的档案材料及其与其他公司间的往来协议或合同，甚至还有公司高层，特别是洛克菲勒本人的相关证言。报道中，塔贝尔在列举每一项事例或提出每一项指控时，都能够引以充分的事实作为证明和依据。通过这些事实，她把美孚石油公司的发迹的过程讲述得清清楚楚，不容置疑。

《美孚石油公司史》无疑是"黑幕揭发运动"中最为轰动的一部系列报道，这部作品成就了塔贝尔作为新闻记者的声誉。大多数人最为钦佩的还是塔贝尔作为一名女性所具有的与邪恶、黑暗斗争的勇气和信念。然而，《美孚石油公司史》给塔贝尔带来的不尽是溢美之词，无论其本人还是《麦克卢尔杂志》都受到了来自以洛克菲勒为首的垄断阶层的压力和攻击。洛克菲勒财团通过收买媒体，甚至自己印刷并散发宣传册来攻击塔贝尔。一方面，它唆使《民族》(*The Nation*)等报纸、杂志不断刊登对塔贝尔及其作品的批评文章；同时又出资赶印了五百万份宣传册，分发给教师、记者、宗教人士以及全国各级官员。此外，为应对《美孚石油公司史》的结集出版，洛克菲勒财团的雇佣文人吉尔勃特·霍兰德·蒙太古还特意编写了《美孚石油公司的崛起与发展》一书。塔贝尔评价该书成功地"将商业与道德剥离开来"以消除美孚因她本人的报道产生的不适感。在一本美孚石油公司的宣传册里，塔贝尔甚至被描述为一个"充满偏见、对一切事物都失望的女人";文中指责她仅凭个人的一己之见来凭空杜撰;宣称塔贝尔、斯蒂芬斯、拉塞尔、辛克莱等人对于商界巨头的"恶意指控"虽然并不能说违法,但却是"不道德的";还声言塔贝尔就是因为美孚石油公司击垮了其父的"小生意"才对它恶意报复。

美孚方面的反映当然并不难理解,因为塔贝尔的报道到底让它吃上了官司。1908年,美孚石油公司管理层写给政府官员的多封信件被曝光,其行贿行为证据更加确凿。在公众舆论的影响下,美国联邦地区法院随后判定美孚石油公司违反《反托拉法》,并处以两千九百万美元罚款。这还不算,1911年5月,美国最高法院最终又作出判决,强制美孚石油公司解体。

在《美孚石油公司史》的结尾,塔贝尔曾经清清楚楚地表明心迹:"我们,合众国的人民,而不是其他任何人,对于体现在这一关于美孚石油公司的成长记叙中的工业环境的所有弊端,都必须予以纠正。"这段话可以被理解为这位勇敢的女记者向美国人民发出的改革呼吁。

《屠场》旋风

1904年冬季的一天,一个斗志昂扬的小伙子走进了芝加哥肉类加工厂旁边的贫民窟,"我是厄普顿·辛克莱。我来为劳工运动写一部《汤姆叔叔的小屋》!"。在美国废奴运动时代,《汤姆叔叔的小屋》曾经是抨击奴隶制度的战斗檄文,极大地鼓舞了美国人民解放黑人奴隶的正义事业;而在进步主义时期,辛克莱的"黑幕揭发小说"《屠场》则是对"工资奴隶制度"的真实写照,而且它还歪打正着,在美国刮起了一阵催生《纯净食品与药品管理法》的旋风。辛克莱的初衷,原是想向世人揭露芝加哥肉类加工厂工人的悲惨境遇和美国资本主义经济制度的罪恶。但是小说问世后,公众却不识辛克莱的一片苦心,他们对书中所倡导的社会主义前景兴趣索然,倒是对那些描写不洁肉食品加工过程的情节反响强烈。辛克莱曾经自我解嘲到:"我原本瞄准的是公众的心,可是,阴错阳差,却打中了他们的胃。"

1906年辛克莱出版的小说《屠场》

工业化时期,美国在食品和药品的生产及销售方面如同在其他各经济领域一样,也存在着严重的弊端和问题。制假贩假现象猖獗,不洁食品和有害药物严重威胁着人们的健康和生命安全,而公众则被蒙在鼓里。食品和药品公司铺天盖地的广告宣传谎话连篇,令不明就里的人们放心地享用着盘中的"珍馐美味"和瓶瓶罐罐里的"灵丹妙药"。

19世纪末期美国食品加工业迅速发展。随着城市的崛起,城市生活的繁忙节奏使人们越来越多地依靠购买加工食品来丰富餐桌,而很少再像从前那样一切都由家庭主妇们自己来制作。随着冷冻车和保鲜技术的发明,人们可以享用到数百里外的食品加工厂所生产的各种肉类、水果和蔬菜。但是由于天然冰不足以维持所有的食品不变质，于是食品药剂师便将硼酸、硼砂、苯甲酸、香酸盐等化学药品应用于食物的防腐和保鲜。事实上，防腐剂的生产和使用乃是一道技术上的难题。它们的应用虽然能够使消费者得以享受到更加丰富的食品而不再受当地的土壤、气候和时令条件限制，但是另一方面，当时人们对这些防腐剂在使用剂量上的安全标准却尚不能很好地把握。更有甚者，食品公司的药剂师还往往偷梁换柱，用所谓"创造性化学"的技巧把龌龊的配料制成体面的食品。例如：南达科塔州食品化验员曾经报道过当地市场上出售的蜂蜜主要由葡萄糖和臭虫造出；橄榄油一点不含橄榄而完全用棉籽油充数；罐装鸡肉和罐装火鸡肉中一点没有鸡肉或火鸡肉在里面；黄油中用胡萝卜汁调色，用硼砂和甲醛做防腐剂。总之，大量根本不适于出售的食物就这样被运到了市场。

  药品业问题的严重较之食品业的黑幕则是有过之而无不及，专利药品业差不多从一开始就是一个骗局，而那些药品垄断公司则差不多就是"毒药托拉斯"。他们所生产的某些疗效显著的药品，其成分中大多离不开酒精，有些药品中的酒精含量竟然高达 80%。当时一位名为丘奇的医生称其发明的抗淋巴结核的万能药能够"以最令人感到愉快的方式渗透整个系统"，原因就是其中含有 1/3 的酒精，其他许多常见专利药品也都含有这一成分，人们称这类药品为"酒精兑成的神药"。再看所谓的"镇静糖浆"以及当时的许多补药，其基本成分则不是吗啡便是可卡因，服用后疗效自然会"立竿见影"，孩子们会哭着喊着地要喝，而一些被蒙在鼓里的使用者也稀里糊涂地变成了醉鬼或是嗜毒的瘾君子。

还有些制药商利用当时人们对阳痿、妇科疾病、性病、癌症和糖尿病等顽症的恐惧心理,许诺自己的"独家秘方"可以治愈上述顽疾。一位名叫亨利·T.海姆保德的制药商在广告中宣称其非洲草药"Buchu"乃是一味包治百病的灵丹妙药。事实上,该药在非洲基本上属化妆用品之类,因为将其涂抹于皮肤上,便会挥发出一种类似胡椒和薄荷的气味,内服时也可充作一种温和的利尿剂。但是在海姆保德的广告中它却简直能够包治百病。按照他的宣传,它可以治疗体虚、身心抑郁、情绪低落、低能、脑溢血、思路不清、癔病、烦躁、失眠、肌肉无力、食欲不振、消化不良、憔悴消瘦、生殖器官功能紊乱和无力、心悸以及所有的神经系统虚弱所造成的并发症。一家名为莉迪亚·宾克汉姆的药品公司曾经通过广告大肆宣传其药品对治疗女性疾病的神奇疗效,并热情邀请女性患者们写信向莉迪亚·宾克汉姆进行咨询,承诺只有宾克汉姆小姐本人才能阅读这些信件,并将会亲自给与回复。在该公司广告的诱导下,每年都有数百万美国

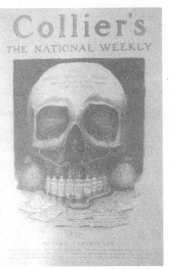

《柯利尔斯》揭露专利药品对公众健康的毒害

妇女写信给宾克汉姆小姐,并在其建议下,从这一公司买走数百万瓶"补药"。可是,谁能想到,早在1883年莉迪亚·宾克汉姆就已经作古,她"长眠"在马塞诸塞州林恩地区的松林公墓,距离当时已有整整23年之久。至于那些回复给患者的所谓宾克汉姆小姐的亲笔信,事实上只是由一些根本不懂医药知识的公司年轻职员们捉刀代笔的作品。再比如,"Radol"的经营者表示此药具有镭的疗效,但是,用"黑幕揭发者"塞缪尔·霍普金斯·亚当斯的话说,"其中所含的镭就跟洗盘子水里的镭含量一样多",疗效"也一样灵验"。内行人心里当然明白,患者若当真相信了这样的宣传,想靠服用它们祛病,定会贻误病情。因此,当时美国最杰出的医学教师之一的奥利佛·万德尔·赫尔姆斯(1809—1894)曾经不无讽刺地评论到:"假如能将现在所用的全部药物沉入海底,于人类乃是万幸——而于鱼类则是最遭殃不过的事了。"然而,就是通过这些假药和毒药,药品商每年却能从当时美国的八千万居民身上骗取到五千九百万美元,可见其危害之广。

谈到美国《纯净食品与药品管理法》的出台,人们就情不自禁地想起辛克莱的《屠场》。不过,实际情况却是,早在该书问世之前,就已经有记者在揭露食品加工业,特别是肉食品加工业中的种种严重问题了。此前默温、查尔斯·拉塞尔、阿尔吉·西蒙斯等各报记者的相关报道虽不能说是推动当时美国政府实施肉食品加工业的改革与整顿的决定性力量,但至少也为日后辛克莱的成功做出了很好的铺垫。对于《纯净食品与药品管理法》的出台,他们同样是有功之臣。

让我们先从阿尔吉·西蒙斯(1870—1968)说起,因为正是他第一个把揭露黑幕的"粪耙"伸进了美国肉类加工厂。

1899年，西蒙斯在芝加哥一家持社会主义理念的杂志担任编辑工作期间，出版了他的单行本《食品加工厂》。在这本小册子中，他简约地描述了芝加哥牛肉托拉斯的不法行为，主要是它们仗势欺人，靠着财大气粗压制竞争对手，垄断生产和市场，剥削劳工，制造销售肮脏腐烂的肉食品等，鲜为人知的行业内幕遭到了曝光。西蒙斯的揭露捅开了垄断食品公司的马蜂窝。罐头食品厂的老板们不仅雇佣文人在报刊上与西蒙斯打笔仗，还使出高招，公开接受消费者到厂内参观，让人们"眼见为实"，以便使他们相信自己所食用的肉食品没有任何问题。然而，最大的问题却是，肉品商们提供给消费者的参观路线都是经过事先计划、"万无一失的"。罐头厂老板们的这些对策给西蒙斯对真相的调查带来了巨大的困难，所以，他的《食品加工厂》虽是实事求是的报道，但是却受材料所限，写得太过简短。而且，相对于肉品垄断公司的实力，西蒙斯一个人一支笔的力量也是相当微弱的。

就在西蒙斯的《食品加工厂》出版后不久，赫斯特新闻王国中也开始有人将目光转向罐头食品行业，其中尤以记者兼编辑的拉塞尔以及记者默温所写的文章力度最大，影响最深。

作为赫斯特麾下的一名干将及其《芝加哥美国人》的首位出版人，拉塞尔几乎是从1900年该刊创刊之日起就开始对肉类加工商们开战。他第一个为该刊撰文，揭露芝加哥某些屠宰场盗用城市居民生活用水的不法行为。他们私自改变城市地下供水系统，将供水管道引入自己的屠宰场中，无偿用于牲畜的屠宰过程，导致全城供水短缺，乃至发生水荒。由于肉品商势力的强大及其在国会中的院外活动集团的成功游说,他们最终也并未给已用水补交费用,但是在事情败露之后,迫于舆论压力,还是不得不停止了盗水行为,拉塞尔的心血总算没有白费。1905 年,拉塞尔深入实地调查取证,在引起食品厂老板们的警觉之前,机智地拿到了不少重要材料。他根据自己的调查结果和州际商务委员会所提供的材料,写成了《世界上最大的托拉斯》一文,从 1905 年 2 月到 9 月间在《芝加哥美国人》上连续刊载,文章着重揭露了牛肉托拉斯利用回扣和通过垄断冷冻车厢来聚敛金钱、贿买权利的不义之举。文章还将屠宰场中非人的工作环境及其经营者和政府检验人员对公众健康的冷漠态度展露给国人,拉塞尔写道:"所谓政府检验,只不过就是农业部的检验员在牲畜被宰杀以前看看它们,至于牲畜进入屠宰场之后的事,他们并不关心,这些人不是蠢笨无能就是接受了贿赂。"

在赫斯特新闻王国中,《成功》杂志的记者塞缪尔·默温也在与拉塞尔关注同一方面的问题。1904 年,受《成功》杂志委派,默温也曾亲自赴芝加哥考察。在该市的肉类加工厂中,他耳闻目睹了老板们的种种罪恶和贪婪行径,回来后将其所见所闻整理成文,如实地向人们讲述了芝加哥食品加工厂中令人作呕的卫生状况、用病死的猪炼油出售、政府检验子虚乌有等重重黑幕。他告诉人们,牛肉托拉斯在产品广告中所谓"已经经过政府检验"一说纯属欺骗宣传,实际情况则是,政府派去的"检察官"全都是些政治爪牙。他们仅仅看一眼活牲畜便敷衍了事,根本不愿劳神去审查肉食品加工过程,至于加工成成品后的香肠和罐头质量如何更是无人问津。这些话听起来与拉塞尔之言如出一辙。

默温和拉塞尔的文章被先后刊出之后,政府也曾对食品加工商的行为予以过关注。罗斯福总统还曾亲自委派詹姆斯·加菲尔德前往芝加哥调查真相。但是加菲尔德将他的调查变成了一个粉饰太平的走过场。他故意歪曲事实，美化托拉斯，一度蒙蔽了总统的视听，致使罗斯福错误地认定拉塞尔的描述纯属夸大其词。

上述事实表明，在辛克莱出版《屠场》之前，就已经有报刊和记者把笔锋对准了食品安全问题。不过，当时美国国会的决策正在受到肉品商院外活动集团的牵制，而罗斯福总统则正在把精力集中在治理铁路与外交等问题上，无暇他顾。在这种形势下，不是出现了某种特别因素，促使公众舆论压力变得异常强大起来的话，美国政府也不会立即下决心对治理肉类托拉斯问题采取果决而有效的行动。然而，就在1906年3月，一个新要素的突然出现却使形势发生了全面改变。不言而喻，这个"新要素"就是那部使辛克莱一举成名的小说《屠场》。

厄普顿·辛克莱（1878—1968）在家系上属于地道的南方人。父亲一脉曾是行伍之家。辛克莱的曾祖父、祖父辈和他的几位叔伯均系海军军官，分别在"独立战争"、1812年对英战争等著名战争中担任过海战指挥官。辛克莱家族曾经辉煌一时，后因种种原因而家道中落。辛克莱的父亲虽然未及享受到多少香车豪宅的南方贵族生活，却沾染上了不少贵族子弟的恶习。由于嗜酒成瘾，他不仅不能承担起为人夫、为人父的责任，而且还累及家人为他担忧害怕并尝尽生活的艰辛。他常常在外边喝得烂醉如泥，厄普顿·辛克莱幼年时常做的一件事就是四处寻找醉酒后彻夜不归的父亲，最后从某个乌烟瘴气的酒吧里把不省人事的他搀扶回家。

青年、中年时代的厄普顿·辛克莱

厄普顿·辛克莱出生于巴尔的摩，在纽约长大。由于天资过人，19岁时就从纽约市立学院毕业，后又到哥伦比亚大学攻读研究生。为生活所迫，辛克莱求学期间就靠写通俗小说赚取学费和生活费。辛克莱文思敏捷，曾在创作高峰期创下了每周写作五万六千字的个人记录。他曾经雇佣了两个打字员轮流记录他口述的小说故事，每小时完成两千字左右。1901年，他的第一部严肃小说问世，此后逐渐转向为当时的一些激进杂志投稿。1904年，他加入美国社会党，同年发表反映美国内战黑人奴隶历史的小说《玛纳萨斯》，这部作品被认为是"反映美国内战的经典小说之一"。正是出于对这部作品的欣赏，致力于揭露黑幕的社会主义周刊《诉诸理性》才邀请辛克莱为他们撰写关于肉品加工业的报道。

在《诉诸理性》周刊的赞助下，25岁的辛克莱来到芝加哥"屠场"，在其中一家工厂里做起了工人。他在工人中间生活了长达七周的时间，亲眼目睹了许多令人发指的黑幕，了解到了很多其他记者未能了解到的内情。辛克莱在亲自调查之前，对于其他新闻记者所揭发的牛肉托拉斯问题就已有所了解。他对拉塞尔的作品尤其熟悉，并曾就其1905年1月的几篇文章向其表示过祝贺。而在他实地调查和采访知情者之后，对于食品加工行业的工作环境、卫生状况和政府检验方法等掌握的情况就更多了。他住在玛丽·麦克道尔大学社会服务处里，在那里他遇到了来来往往的知情者。他还拜访了赫尔会舍的简·亚当斯，并从她那儿获得了大量关于城市问题的资料。更重要的是，他还遇到了一位同道中人——阿尔道夫·史密斯，一位来自享有盛誉与影响力的英国药学杂志《刺血针》的调查员。史密斯不仅确认了辛克莱所发现的情况，而且还使他相信这种不卫生的情况并非无法改变，欧洲国家在政府的管理下情况就大不相同。在这七个星期里，辛克莱体会了肮脏和剥削，亲眼目睹了垄断企业那种将政府与民众全然不放在眼中的恣意妄为。作为一个有良知和正义感的知识分子，辛克莱于内心深处不禁感到异常的痛楚和悲愤，屠宰场里的恶臭和一幕幕的悲剧久久萦绕在他的脑际。离开芝加哥后，辛克莱回到老家新泽西，用饱蘸正义之笔，写下了这段难忘的经历，字里行间充满了诗人的激情，这就是小说《屠场》诞生的背景。

为了让人们了解芝加哥肉类加工厂中的真相，"辛克莱奋笔疾书了三个月，他甚至还未及封笔便开始在《诉诸理性》周刊上系列刊出了《屠场》"。这部小说讲述了在芝加哥屠宰厂工作的一位立陶宛移民的经历。书中不仅记录了劳工们的悲惨境遇，还借助主人公之口，对作者在屠宰场中曾经亲眼所见的污秽与腐败现象进行了彻底的揭露。辛克莱对药

芝加哥屠宰场工人在肮脏的环境中工作

品问题所谈不多,但他对食品问题的描写则实在令人动容。他的主人公来到芝加哥的屠宰场后,真切地目睹了一幕幕令人难以置信的场景:病死动物成为肉类加工原料;被毒死的老鼠被加工成火腿肠;掉进锯末堆里的火腿肠被包装出厂;更有甚者,劳累过度的工人一旦不慎跌入高温的大肉桶中,除去骨头便立时一无所剩,整个人都被送到了公众手里,成了"高级食用猪油"。正如书中一位人物所说,在屠宰场里,"他们不浪费任何东西","除去猪的嚎叫声外,他们利用了猪身上的每一样东西"。作者还揭露,屠场里的童工们几乎个个身患疾病,因为他们喝下的牛奶被兑过水,所服药物含有甲醛,所食大豆被

屠宰厂里童工与成年工人一起在肮脏的环境中工作

人用胡椒盐着上了诱人的绿色,而果酱中则被混入了苯胺颜料。同时,成年人在吃进大量熏肠时,那些为掩饰腐肉的质地而使用的化学物质也使他们自己在慢慢地中毒。然而,对于这一切,政府的食品监督员在重金贿赂之下,则是熟视无睹,听之任之。书中的描写具体而生动,读来令人触目惊心。

《屠场》的出版过程遇到了重重阻力。首先是出版商对揭露得如此露骨、又具有社会主义思想倾向的作品心怀畏惧;再则便是来自牛肉托拉斯的威逼利诱和强力反击。原本就与辛克莱签订了出版合同的麦克米兰公司要求辛克莱对其作品加以修改,遭到辛克莱的断然拒绝。辛克莱自述:"公司总裁布赖特先生读了书稿,要求我删去一些比较骇人听闻的和残忍的细节,他向我保证,假如我能照此行事的话,他将使书的销量增长10倍之多。如此,我不得不在我的经济利益和我的责任之间再次做出选择。"作为一位有良知和正义感的记者,辛克莱本人的坚定立场自不必说。但此后,这本书在另外三家出版商那里也一再碰壁,由于该书揭露得过于完全、彻底,很多出版商都对其真实性产生怀疑,就连斯蒂芬斯也觉得辛克莱的讲述"难以置信"。

正当辛克莱万般无奈之时,事情却又戏剧般的出现转机。他遇到了一位"大贵人",而这位"大贵人"又是道布尔迪出版公司老板沃尔特·佩琦眼中的"红人"——艾萨克·马可森,此人供职于佩琦旗下,深得佩琦信任,而他本人则对辛克莱的文学天赋始终赏识有加。听过辛克莱对小说内容的讲述后,马可森深为所动。从当天下午五点钟至次日凌晨四点,他一口气读完了书稿。随后便风风火火地跑进了佩琦的办公室,向他力荐《屠场》。最终,道布尔迪出版公司买走了书稿的版权,并在对书中内容进行调查核实后将其出版。

该书出版后,肉类托拉斯们群起应对,一方面对辛克莱诱之以利,一方面则对其进行大肆攻击。他们强令出版商们或者缄口不言或者对辛克莱的指控予以谴责。他们还买通了一些文人在各类报纸杂志上对《屠场》进行攻击,称它为"无耻的谎言",指责其内容"耸人听闻"、"恶意夸大"。他们授意芝加哥的一位广告经理埃尔伯特·哈伯德写了一篇尖刻的回击文章,将它印刷并分发给全国的医生、职员和出版社。《纽约晚邮报》将该书斥责为"耸人听闻、过分夸张",并拒绝给辛克莱以辩解的机会。乔治·罗理默所有的《星期六晚邮报》已经为阿默尔肉类加工公司效力多年,其手下写手佛利斯特·克里斯受雇为 J. 奥格登·阿默尔捉刀代笔,以这位牛肉大鳄的名义发表系列文章,驳斥辛克莱。激愤之下,辛克莱奋笔疾书,仅用几个小时,一篇《可恶的肉类加工业》就一挥而就。随后,他前往纽约市会见《人人杂志》的出版商厄尔曼·瑞格威,将手稿交他发表。文中,辛克莱展示了那些受阿默尔雇佣在芝加哥销售劣质肉食品者的宣誓书。这些宣誓书道出了阿默尔曾经用贿赂手段使这些人撤回证言的故事。它还提供了政府健康权威部门的报告书,这些报告书显示了阿默尔曾经承认犯有在食品中掺假的罪行。然而,与此同时,据辛克莱自述,却又有一群资本家主动找上门来拉拢辛克莱。他们打算以辛克莱的名义建立一个"模范肉类加工厂",他们给辛克莱的好处则是 30 万美元的巨额股份。辛克莱明白,假如他愿意接受这一条件而当上该公司的老总,在报纸上大做广告,他便能立时名利双收。用他自己的话说,"我可能已经成为美国商会和全国市民联合会的主要讲演人","我的名字也荣登名人册,满载溢美之词","同时,我可能还会在理弗赛德·德理弗拥有了一幢或者更多的别墅,美女则是想要多少有多少,而且根本不会有谁批评我"。不过,事实证明,这笔貌似两全其美的交易最终并未达成,因为辛克莱根本不为所动。相反,他却进一步加强了他进攻牛肉托拉斯的火力,接连为《世界劳动》、《诉诸理性》和《人人杂志》写文章,用大量纪实材料证明这些托拉斯对美国人民的伤害和欺骗。结果便是辛克莱和肉品垄断公司间的一场较量,辛克莱愤怒地工作着,而肉品加工商们也同样愤怒地忙碌着。

　　一部仅仅 300 多页的小说之所以能令肉品加工商们如

此兴师动众,原因就在于它在公众中所产生的强大影响力,它的问世曾经使整个国家的人都恶心得翻肠倒肚。当时还是一位作家而日后成为英国首相的温斯顿·丘吉尔曾说,"这部可怕的书……刺穿了最厚的脑壳和最硬的心"。如前所述,辛克莱在到处碰壁之后,终于遇到了道布尔迪出版公司的编辑佩琦,后者对这部小说感兴趣,不仅是因为辛克莱的指控确有道理,更主要的是他看好这部小说的出版前景,而且亲身调查也使他确信不会惹上"诽谤罪"的诉讼,于是便力排众议,将《屠场》付梓成书,结果既成全了辛克莱,也给自己带来了丰硕的回报。1906年2月16日,小说《屠场》一经问世旋即引起巨大轰动,在首发后的45天里二万五千册便被一售而空。在随后的一年时间里,《屠场》也始终位列美国畅销书的榜首,并被翻译成17种语言运销世界各国。人们这样形容辛克莱的成功:"清晨一觉醒来时,就像拜伦一样,突然发现自己已经举世闻名",被时人颂为"耙粪者之王"。他甚至受到杰出科学家阿尔伯特·爱因斯坦的高度评价,爱因斯坦盛赞他为"我们的时代里最敏锐的观察家之一"。他的小说在美国公众中引起了强烈的反响,罐头厂的工人们也站出来作证。人们对肉类加工过程中的不良卫生状况表现出了极大的愤慨,对肉食品检疫人员严重的玩忽职守行为感到震惊。屠宰场中肮脏的食品加工方法令许多人感到恶心。一位读者曾经这样说道:"天哪,哦!天哪!""接连一周,除了黄瓜,我吃不下任何更有营养的食物。不久前,没有人比我本身更喜欢吃牛排了。而今天,只要一看见卖牛排的餐厅我连脸都绿了。为什么会这样呢?因为有一个小伙子写了一本书。"传说西奥多·罗斯福总统见到《屠场》时，他正在用早餐。当读到香肠中混进死老鼠等令人作呕的肉食品加工情节时，他砰地把书扣在桌上，双手紧紧地压在书上。突然间，他又从桌旁站起来，大喊着："我中毒了！"，紧跟着，就把吃了一半的香肠统统扔出了窗外。从此，罗斯福总统就变成了一位素食主义者，并决心依法治理牛肉托拉斯的行为。

《纯净食品与药品管理法》的出台当然不会像轶事中传说得这么容易。但《屠场》确实不仅触动了肉食品生产者和消费者，也最终惊动了美国政府，对相关法律的通过产生了巨大的推动作用。随着《屠场》的发表以及辛克莱与肉品加工商之间唇枪舌剑的展开，公众情绪日益激动。此时他们对所有肉类加工问题已经具有了高度的敏感性，从他们中间响起了要求改革的呼声。在国内外市场上，肉食品销量骤减。英国和德国就肉类出口问题发出了措辞严厉的外交照会；运载肉食品的货船不断被从国外港口退回；有些公司单位时间的肉食品销量比原来减少了一半还多。就这样，一部《屠场》竟然给食品加工工业造成了毁灭性的影响，某屠宰场的经理称这种巨幅的销量下跌简直就是肉类托拉斯的"灾难"。在他们眼里，《屠场》不啻于洪水猛兽。在国会中，一直被束之高阁的《纯净食品管理法》议案引起一阵风暴，整个纯净食品问题被提升到了一个更有希望的新水平。而此后，随着更多报刊和记者的卷入，国会议员们，以至总统都觉察到了危险的信号。因为政府的公众形象和公信度已经遭到破坏。

在美国政府中，来自印第安纳州的参议员阿尔伯特·贝弗里奇提请罗斯福对肉食品加工问题予以注意。他向总统讲述了《屠场》的相关内容，并向国会提出了一份其自己草拟的肉类加查法案。当时罗斯福正忙于日俄战争以及日本对美国的威胁、关税和铁路管理等其他事务。不过,看罢《屠场》之后,他也同普通公众一样受到了触动。肮脏的肉品令人作呕,其加工商们毫无道德信义可言,而结果则可能置人于死地。此时,社会各阶层的大量来信也如雪片般向他飞来,公众寻求政府保护,强烈要求他立即采取有效行动。公众这种汹涌难抑的情绪也迫使罗斯福政府不得不紧急采取了应对措施。于是,罗斯福总统一方面责令农业部差人对肉品加工商及其肉品的加工过程予以调查,同时又与辛克莱及时进行了沟通。继而,罗斯福又与林肯·斯蒂芬斯和雷·贝克等等其他"黑幕揭发记者"先后进行了"密切的个人接触"。罗斯福向辛克莱承诺,他将对肉品业的劳工状况予以关注。辛克莱则谏言罗斯福,不能单纯依靠农业部长派往芝加哥的调查组,因为农业部本身与所指控的问题有所牵连。在佩琦的主持下,《世界劳动》报刊也刊发文章谴责农业部的调查掩盖真相。罗斯福接受了新闻界的劝告,另行委派了由两名纽约市社会工作者尼尔和雷诺兹组成的新调查组,暗中前往实地调查。《成功》、《柯利尔杂志》和其他一些报刊一期接一期地呼吁政府对食品行业进行大力度的治理。随着事态的发展,辛克莱及纯净食品运动支持者们所掀起的呼声使公众的愤怒情绪达到了炽热的程度,纯洁食品议案和肉类检验修正案已经到了刻不容缓的地步。迫于形势,肉类加工商们也不得不转变策略;他们在继续否认所受到指控的同时,也不余遗力地清整工厂,并且不得不硬着头皮作出姿态,言不由衷地表示拥护政府出台一条食品管理法案,以期以此恢复在消费者中丧失的信誉。当然,他们还是希望该法要

"绝对软弱"才好。在上述种种因素的作用下,罗斯福加快了行动的步伐,他敦促国会中的反对派转变立场,并在1905年12月5日递交国会的年度咨文中特别为纯洁食品问题留出了一席之地,他写道:"我建议颁布一项法律来治理州际商务中食品、饮料和药品方面滥用商标以及掺假等问题。该法将保护正当的生产和交易,并保障广大消费者的健康与福利。禁止运输劣质和掺假、损害健康、欺骗消费者的食品。"而正值此时,尼尔和雷诺兹调查组也从芝加哥返程复命,带回了"一篇足以激起最大愤慨的报告书"。该报告不仅证实了《屠场》中的指控,又添加了一些亲眼目睹的事实。至此,食品与药品行业改革的时机已然成熟。1906年,美国国会终于通过了《纯净食品与药品管理法》,并宣布自1907年1月1日起正式开始生效。该法要求食品与药品生产商必须为食品与药品打上商标,商标内容则必须如实写明所含成分,并禁止使用某些有毒成分。同时出台的《肉类检查法》则规定对销往国内外市场的所有肉制品从活畜到罐头都要进行严格检查。可见,《纯净食品与药品管理法》乃是"黑幕揭发运动"的一个直接产物。作为一个新闻媒体制造舆论推动国家立法的成功案例,显示出了媒体制造舆论的强大力量。

4

民间的改革家

19、20世纪之交，在美国出现了一种新兴的社会角色，人们叫他们"社会工作者"。在当时的美国，这个词指称的是那些投身于进步主义运动的民间改革者。就像当年俄国的民粹主义者一样，他们中的绝大多数人也都是倡导底层改革路线的知识分子，他们自愿深入民间，希望通过自下而上的转变来实现美国文化的同质化，创造一个没有阶级分隔的理想社会。19世纪末，俄罗斯移民女孩拉海尔·格拉波清楚地记得那些曾经走进过她生活中的美国社会工作者……

进驻街区

拉海尔·格拉波出生于俄国,1892年随父亲移民美国,住在纽约市樱桃街拥挤的犹太人居民区里。他们在纽约的一家裁缝店里找到了活,当时拉海尔刚满11岁,正是该上学读书的年纪。不过,为了能让还在俄国等着盘资的母亲和弟妹来美国团聚,她也必须像成年人一样起早贪黑地干活。在一个周六,她站在门口,看到一个邻居家的小女孩,手里炫耀地拿着1分钱,小女孩说她要去买糖吃了……拉海尔真羡慕那个小女孩,她也想有1分钱去买自己喜欢的东西。于是,她第一次开口找父亲要钱。父亲沉默地注视着她,足足有1分钟。然后,他站起身来,从口袋里掏出了1分钱递给拉海尔,皱着眉头说:"拿去吧,以后再也不许要了。"拉海尔惊呆了,她觉得那枚硬币像火炭一样灼烧着她的手指,她迅速地把它还给了父亲,然后跑出了家门,在街上漫无目的地走了很久,伤心欲绝。那天晚上,她不想吃晚饭,父亲把毛巾拧成了鞭子痛打她,她感到那劈头盖脸的抽打痛彻肺腑。最后,父亲扔掉手里的鞭子,喘着粗气警告她:"丫头,如果你还不改,我就打断你的骨头。"拉海尔的童年就在这样拼命赚钱和玩命攒钱的生活中度过,年复一年,她付出了健康的代价。不过,她和父亲终于攒够了母亲和弟妹们来美国的费用。可是,一家团聚对于拉海尔来说却意味着新的责任,因为更多张嘴要吃饭,而她已经积劳成疾,所以父母打算把她嫁给一个开杂货店的以色列人。那样的话,她就能够帮助家里解决部分生计问题,以后家里可以买到便宜的面包、黄油和马铃薯。在那个时代,很多美国移民家庭都和拉海尔家有着同样的遭遇。1900年,这些贫困的劳动者在美国大约有四千来万人口。

不过,拉海尔比很多人幸运,因为她在病重的时候,遇到了一位"贵人"。这个人不仅帮助她医病,而且还带她走出了贫民窟,看到了纽约竟然有着繁华、光鲜、和她自己的处境完全不同的另一面,明白了原来世上还有另一种人、另一种活法。

那天,拉海尔正虚弱地躺在沙发里,恍惚间她感到有一只手在触摸她的腰。那是一种只有医生才会的触摸方法,拉海尔慢慢睁开了眼睛,看到一位女士正坐在她身边。这位女士的容貌和穿着同拉海尔看到过的人完全不同,她是那么的优雅,那么的与众不同。她对着拉海尔微笑,但是她的眼睛里却又分明流露出伤感。她帮助拉海尔住进了医院,拉海尔平生第一次有机会走出了贫民窟,看到了一个五光十色的纽约市,她感到置身于一个全新的国度里。在那里,有很多举止像那位女士一样优雅的男男女女都来帮助她。他们还带她到了纽约市郊的"白桦树农庄",那是一个专为贫困家庭儿童设置的消暑地。在医院、在"白桦树农庄",拉海尔有了一种全新的体验。她吃到了按照犹太教教规人们不能宰杀的小牛肉,她看见了美国人,那些本地出生的白人中产和上中产阶级的男男女女,她看到了好多的医生和护士,那些女人让拉海尔感到既新鲜又好奇。拉海尔回忆道:"他们看起来和我生活里常见的人是那么的不同。他们是高大、健康的男人和女人。他们穿着是那么体面,举止是那么优雅!"拉海尔跟他们中的一些人成了朋友,他们是清教徒,他们中有人想使拉海尔皈依基督教。离开"白桦树农庄"回到家里,拉海尔感觉自己很难再回归原来的生活状态,她感觉:"那是从未有过的陌生感,家、我的家人们、他们的行为方式完全都是陌生的。"

  拉海尔遇到的那些优雅的男男女女,那些让她幼小的心灵产生如此大震撼的白人中产阶级和上中产阶级的本地人就是当时美国的"社会工作者"。这些社会工作者不是普通的慈善机构的济贫者,在给予穷人物质帮助的同时,他们更想做的是改造底层大众的文化心理和心灵,让众多的移民美国化,让美国文化同质化。拉海尔回家后之所以不能再平静地接受原来的生活,正是因为这些社会工作者对她所进行的潜移默化的引导,改变着她的思想和生活习惯。实际上,那位把拉海尔带出家门送进医院的女士就是著名的美国"社会服务处运动者",曼哈顿"亨利街社会服务处"的缔造者莉莲·沃尔德。与众多的"社会服务处运动者"一样,沃尔德相信,只有跨越阶级的界限,走入贫民窟,帮助贫民改善他们的物质和文化状况,才能让美国实现真正的和平与繁荣。

"社会服务处"的英文是"social settlement"或"settlement house"。这是英美和欧陆各国设立在城市贫民区中的一种民间社区福利机构。它以改善社区居民生活环境,加强邻里合作和促进分裂阶级间关系的改善为宗旨。"社会服务处运动"作为美国进步主义时期社会改革的一项主要内容,在当时有着深广的影响。从拉海尔的经历可以看到,这种"进驻街区",从底层做起的改革方式的确使得"社会工作者们"在一定程度上达到了他们当初的目的。不过,虽然这里要介绍的是美国的"社会服务处运动",但是故事却要从19世纪的英国伦敦东区讲起。

"汤恩比会舍"的启示

1884年圣诞节,牛津大学的两位学生在伦敦东区的贫民窟里度过了他们的平安夜,他们睡在了一座尚未建成的公寓大楼里。他们都是忠实而富于理想主义色彩的基督教社会主义者。他们来这里不是为了猎奇,也不是为了济贫。他们是来开辟一番事业——社会服务处事业,他们就是最早的社会服务处工作者,而那座他们栖身于其中的尚未建成的大楼就是最早的社会服务处——"汤恩比会舍"。

"汤恩比"是当时一位英国社会工作者的名字,全名叫阿诺德·汤恩比。他是一位经济学讲师,对人类的工业历史颇有研究。他同情劳工们的处境,并坚定地认为社会中上层只有寻求到一条能与工人阶层共享文化与教育成果的有效途径,才能使工业社会的种种严重问题得到舒缓乃至解决。他身体力行,不仅加入了工会组织而且还住进了贫民窟,决心要在贫民窟"劣质的威士忌、劣质的烟草和劣质的排污管道"

的"劣质"环境中启迪劳工,增长见识。只可惜天不假年,过度的操劳令他透支了健康。1883年,32岁的汤恩比英年早逝,留下了他未竟的事业。

"汤恩比会舍"的缔造者是塞缪尔·奥古斯塔斯·巴奈特和亨利塔·巴奈特夫妇,他们也是汤恩比最好的朋友。他们秉承汤恩比的遗志,鼓励大学生们深入民间,为改善那里的环境而进行研究和实际工作。他们认为普通的慈善活动不足以打破穷人与富人间的阶级樊篱,建立友好、积极的交流关系,而社会服务处则可以使社会工作者居住于穷人之中,与之建立亦邻亦友的关系。1884年7月,在他们的感召下,牛津和剑桥大学一些有志于社会工作的大学生们在伦敦东区的贫民窟里安家落户,开始了他们与贫民比邻而居的全新生活。为了纪念汤恩比对英国社会工作的先驱作用,在巴奈特夫人的倡议下,大学生们一致赞成将他们的会所命名为"汤恩比会舍"。"汤恩比会舍"首开资本主义世界"社会服务处运动"之先河,成为英国最早的一家社会服务处和欧美各地社会服务处的原型。它的建立使19世纪中期的英国成为社会服务处的发源地,为各工业化国家的社会改革提供了一种新的范式。汤恩比如若泉下有知,也一定甚感欣慰。

"社会服务处"

此后不久,在大洋彼岸的美国,以大学毕业生和宗教人士为主力的社会工作者们几乎立时就发现了社会服务处的价值。社会工作者们认识到这种组织形式非常适合当时的美国国情。它既能为更自由、更广泛地传播美国中产阶级价值观念提供一个崭新的途径,同时又不失为解决美国城市问题的一个希望之所。

受英国社会思想家的启发,自19世纪80年代起,美国的一些宗教人士和女大学毕业生们开始陆续在美国各个城市开办此类性质的机构,为城市贫民提供生活救济、文化教育和卫生服务。1886年美国社会福音派教士斯坦顿·科伊特在纽约市下东区建立了美国的第一家社会服务处,取名邻里救济会。1888年,刚刚走出洛克福德女子学院的女大学毕业生简·亚当斯对欧洲大陆的贫民状况和伦敦的汤恩比会舍进行了实地考察,回国后在芝加哥的一个移民区筹备建立了赫尔会舍。此前一周,史密斯学院的一群女大学毕业生们在纽约市开办了学院社会服务处。在她们的带动下,芝加哥康蒙斯会舍、波士顿南端会舍、学院社会服务处、亨利街社会服务处、格林尼治会舍、纽约城市会舍等四百多家社会服务处在全美各地相继建立,社会服务处的概念在美国迅速传播,社会服务处运动在美国蓬勃兴起。

美国社会服务处的发起和领导者大多是出身于美国白人中产阶级家庭,有着良好教育背景的年轻女性。在1886年到1914年间,60%的社会服务处工作者都是女性,且绝大多数都是未婚的女大学毕业

19世纪末20世纪初的赫尔会舍原貌

生。对于她们而言,开办社会服务处并非仅仅是一种济贫怜弱的善举,而是一种推动社会进步的事业。她们希望通过与移民们的密切接触并帮助他们解决实际问题等方法来加速移民被美国观念和文化的同化过程,进而实现天下太平,恢复美国社会的和平与稳定。据此,她们以社会服务处为基地,实地调查了解美国城市贫民的真实处境和由此引发的社会问题,从理论上分析问题,探索解决的途径,同时又在实践中加以验证,满腔热情地投入到了社会改革的大潮之中。各地的社会服务处领导人还时常进行切磋和交流活动,并在1911年专门成立了全国社会服务处与社区中心联合会,由简·亚当斯担任首届联合会主席。1926年,她们又在此基础上成立了国际社会服务处与社区中心联合会,开始寻求国际间的合作与交流。

出于上述宗旨,社会服务处并不像一般的慈善机构那样,单纯提供某些具体的服务项目,也不主要针对落难的个体予以救济,而是着眼于提高所在居住区居民的整体文化素质和生活质量。社会服务处主要设立在人口稠密的城市移民区里,成为当地的教育、娱乐和生活服务的中心。按照简·亚当斯的说法,社会服务处工作者们的目的是要"全面关照社区生活:既不单纯针对穷人,也不只对富裕者;既不单纯针对青年人,也不只对老年人,而是针对整个社区"。在社会服务处的工作安排中教育和艺术欣赏始终都占有重要的位置。亚当斯将教育视为社会改革的一种方式,她和艾伦·斯达曾专程到欧洲收集各种绘画和其他艺术作品,并亲自为社区居民授课与讲解。虽然各个社会服务处各有特色,但是他们的日常工作内容都大体相似,包括提供托儿所、咨询顾问、诊疗所和家访护士；开设卫生、烹饪和识字课程；为各年龄层的居民组织体育、歌唱、读书俱乐部，以及为社区贫困者提供一日三餐等。这说明，社会服务处运动的领导者们并未将眼光仅仅局限于一般意义上的慈善活动，而是在试图为美国创建一种理想的社区模式。从这种意义上说，社会服务处实际上乃是一种改造社会的基层组织，而社会服务处运动的参与者则是一种社会改革者，或者说，她们乃是"美国道路的传道者"。尽管社会服务处未能如其创办者们所愿，为美国制造出一个全新的和谐社会，但它们的确起到了稳定社会秩序的作用。

"赫尔会舍 20 年"

"要为追求更高的市民生活与社会生活提供一个中心，要创建继续教育事业与慈善事业，要调查和改进芝加哥工业区的状况。"——这就是芝加哥赫尔会舍的章程。简·亚当斯是它的缔造者。

作为赫尔会舍的"第一居民"，亚当斯是一个传奇。她坚守自己的信仰，20年持之以恒，呕心沥血。1931年，她被授予诺贝尔和平奖，1933年被《妇女之家刊物》和《基督教科学导读》评选为百年来最富

赫尔会舍的缔造者简·亚当斯

影响力的女性。亚当斯在其著名的自传体回忆录《赫尔会舍20年》中,全面记载了她苦心经营赫尔会舍的漫长历程。

1860年9月6日,亚当斯出生于伊利诺伊州的一个中产阶级白人家庭,家中姐妹共八人,但有三人不幸夭折,在余下的五个姐妹中,亚当斯排行最小。亚当斯两岁时,母亲萨拉·亚当斯不幸因难产而去世。亚当斯性格沉静内敛,六岁时又因一个姐姐的病逝而受到沉重的精神创伤。七岁时父亲再婚,继母安娜生性活泼,喜欢热闹,尤其喜欢欣赏文学和音乐,因此,她时常引朋唤友,将家里装扮一新,举办社交聚会活动。亚当斯对此很不适应。

亚当斯的父亲约翰是19世纪美国人中自我实现者的缩影。1844年,约翰带着他的新娘从宾夕法尼亚州迁入伊利诺伊州北部的一个小村庄里,两间简陋的小屋就是他们当时全部的希望之所。然而10年之后,他们却在山坡上盖起了宽敞的青砖小楼,并投资1万多美元建起了一个大型磨坊厂。约翰还投资铁路运输与银行业。1864年他帮助组建佛里波特第二国家银行,并担任董事长。同时,他还兼任着一家人寿保险公司的董事。多年的苦心经营为他带来了丰硕的回报。1881年,约翰辞世时年仅59岁,但他却为家人留下了市值25万美元的家产,在当时那是一笔不小的财富。

约翰也是位政治家。他是亚伯拉罕·林肯的挚友。1854年他加入了刚刚组建的共和党,并终生坚守自己的信仰。像林肯一样,他也是一个废奴主义者。内战期间,他曾自己出资筹建和装备了一个连,编属伊利诺伊军团之下,人称"亚当斯卫队"。和平年代,他不仅善待自己家的佣工,而且还竭尽所能为当地公众谋求福利,深受一方民众的拥戴。

自 1854 年起，约翰连续当选州议会议员，直至 1870 年他自己坚辞不就，方才得以全身而退。父亲的榜样作用极大地影响了简·亚当斯的人生追求。她始终以保全联邦的林肯总统为榜样，期冀在国家的公共生活中能够有所建树，通过社会实践来实现自己的人生价值。

约翰对亚当斯宠爱有加，言传身教。他不仅引导女儿学习文学和历史，而且还从小培养她树立远大的人生目标与志向。他教导她做事要勤奋，要有所作为，要珍视成就与尊严。他鼓励女儿读书，还不时施以"物质刺激"，读完一部《布鲁塔克的生活》赏"银"5 美分，读完一部《华盛顿的生活》则"重奖"25 美分。出于对维多利亚时代"真女性"观念的信仰，约翰赞成女性接受良好的教育，以便能够做个贤妻良母。他为此连年对当地的洛克福德女校给予经济支持，并将自己的女儿送到那里就读。1877 年，亚当斯进入洛克福德，开始了四年的大学生活。她所在的班里共有 17 名女生，其中约有六人中途辍学，而亚当斯则成为班里的佼佼者。与女伴们共同度过的校园生活培养了亚当斯的团结意识和领导能力，她撰写文章，发表演说，深孚众望，而这样的生活则愈加激发起了亚当斯成就一番事业的人生梦想。1881 年，她在新学年的开学典礼上发表了题为"卡珊德拉"（希腊女神之名，特洛伊的公主，能预卜吉凶祸福）的演说，阐明了她对女性社会角色的认识。她指出，女性乃是社会道德与正义的承载者。如果她们能够充分行使其本能并让社会听到她们的声音，那么她们将会在帮助他人方面发挥出独特的作用。

在此后的七年里，毕业后的亚当斯一直在为让社会听到她的声音而奋斗。在此期间，她与曾经的同窗好友艾伦·斯达保持着密切的书信往来,二人互诉衷肠,共话理想和人生。1887年,她们结伴游历欧洲。旅途的见闻终于令迷惘中的亚当斯感悟到她的人生坐标在贫民窟,那里有她成就人生价值的用武之地。斯达对这一创见感到兴奋不已,于是二人在归途中专程走访了英国伦敦东区的汤恩比会舍。两年后,她们在芝加哥开办了美国第二家社会服务处。从她29岁入住"赫尔会舍"直到74岁辞世,亚当斯为她的社会服务处事业奋斗了终生。

1889年赫尔会舍的建立为亚当斯搭建了实现人生夙愿的平台。在此后的20年里,亚当斯一步步地将"赫尔会舍"发展成了美国最具代表性的社会服务处,而她本人也逐渐成为芝加哥市社会改革运动中的核心人物。她曾经应社会各界邀请进行过大量的演讲和著述工作。她所发表的《民主与社会道德》、《一种新良知与一种旧罪恶》、《年轻的精神与城市的街区》等,都是对其社会改革思想的阐释与实践活动的总结,其中涉及了"工业改良"、"教育方法"、"慈善工作"、"政治改革"、"妓女问题"、"青少

赫尔会舍的绘画课

年犯罪问题"等亚当斯关注和参与过的各种社会改革工作。

1909年,亚当斯主持成立了芝加哥青少年保护协会,目的在于消除青少年犯罪的环境诱因。1911年她在芝加哥科利斯姆举办了一次影响广泛的"儿童福利展览会",对城市儿童恶劣的生长环境进行了一次令人信服的展示,既令人震惊也令人愤怒。展览会同时也对社会工作者"正在做的事情,可能做的事情,将要做的事情"予以了阐释。亚当斯还曾经委派该组织的工作人员对数百名在办公室、工厂、商店、旅社、餐馆中工作的移民女孩进行访问,获取了大量关于妓女问题的第一手资料,并得出结论:经济上的需要乃是导致妇女卖淫的主要原因,只要社会能够给予这些妇女足以生活的工资,她们便会抛弃这一行为。亚当斯相信,作为一种"新的良知",当时的改革行为是可以根除妓女卖淫现象的。为了表明自己的观点,亚当斯在芝加哥青少年保护协会调查员的访谈结果的基础上,写出了一系列的相关文章,发表在1911—1912年的"黑幕揭发"杂志《麦克卢尔杂志》上,后又结集成书,便是上面提到的《一种新良知与一种旧罪恶》。《年轻的精神与城市的街区》是亚当斯关于青少年犯罪问题的又一部专著,主要涉及工业化城市在青少年犯罪方面所起的推动作用。亚当斯及其在赫尔会舍的同事们曾经成立了一个青少年法庭委员会,专门对青少年犯罪的起因问题进行系统的调查研究。亚当斯根据她在赫尔会舍了解到的实际情况,指出了加强城市道德建设以及保护家庭与社区的必要性。她对城市只能组织年轻人进行工业劳动,却不能为他们提供除舞厅和酒店之外的娱乐场所的现状而深感忧虑。亚当斯认为,环境是造成青少年犯罪的最主要的原因。她因此呼吁市政当局承担起自己的责任,对"青少年的本性冲动"予以疏导。

除了亚当斯之外,她在赫尔会舍的同事以及其他社会服务处的社会工作者们也都曾经针对当时方方面面的社会问题发表过不少的著作。赫尔会舍的伊迪斯·艾博特曾经撰写过《移民问题的历史方面》、《公共助理》、《工业中的妇女:关于美国经济历史的一个研究》等著作。她的同事格雷斯·艾博特也出版过《儿童与政府》、《从救济到社会保障:纽约公共福利业及其管理》、《移民与社区》等著作;亚当斯在赫尔会舍的挚友,赫尔会舍的另一位创办人弗洛伦斯·凯利则出版过《关于工业立法:立法的一些道德收获》。作为"儿童署"的领导人,凯利致力于儿童福利的改善,她用该书告诫世人,保护其所有的儿童乃是"共和国最崇高的责任",只有这样做才能使他们将来成长为"自律的公民","因此,对儿童的关怀和培养……是国家所要关心的首要问题"。这些都是社会服务工作者们探索社会改革途径的心血结晶,体现了他们改革社会的思路和热情。

教堂的警世钟声

"福音"是什么？即使非基督教徒也对"福音"这个词不陌生，因为基督教作为世界文化中的一个重要部分影响广泛，而"福音"作为基督教中的一个重要词汇也广为流传。不过，对于什么是"福音"，不在教的人也许只是有些模糊的理解，对它的确切意义未必很清楚。在基督教中，基督教徒用"福音"来指称耶稣所说的话及其门徒所传播的教义。直白地说，"福音"就是基督教中的"真经"，而这些"真经"分别被记载在了基督教的"福音书"里。基督教的《新约全书》中一共有四部著名的"福音书"：《马太福音》《马可福音》《路加福音》和《约翰福音》。这些"福音书"教导人们要博爱、自律、勤勉，只有这样，一个人死后灵魂才能升入天堂。"福音"为人们描绘了一个美丽的"彼岸世界"，而那显然是一个虚玄的身后福地。它通过"进天堂"还是"下地狱"的选择，来引导人们弃恶从善。

19世纪末20世纪初,古老的基督教"福音"一如既往地在欧美大陆上被广泛地传播着,不过,此时美国新教神职人员们正在倡导的"福音"却有些与往昔不同。在那里,一些具有自由主义神学倾向的宗教界人士提出了社会化的神学主张。他们认为,上帝的福音不仅仅是个人的福音,也是社会的福音,上帝不仅要拯救个人,也要改造整个社会环境。他们把《圣经》中所教导的"爱之律"奉为人世间的"黄金法则",把一切社会问题都视为道德问题。他们希望把"爱"和"正义"的原则贯彻于社会生活中,提倡改良主义和道德教育。他们主张社会服务和社会改革,用耶稣的教导去指导人类的经济活动,从而改进人们的社会关系以及工作环境。他们说基督教的"福音"应该是"社会福音",他们本着宗教服务社会的原则发起了美国历史上著名的"社会福音运动"。

教士的忧虑

19世纪末20世纪初,工业化使美国的国内形势日新月异,城市数量增多了,城市规模扩展了,城市生活现代化了,可是,赶上了这么个大转折的时代,美国的新教教士们却高兴不起来。因为他们有两块"心病",一个是严重的社会问题,另一个就是教会所遭遇到的冷遇。看着愈演愈烈的社会冲突和人们对教会的日益疏远,他们不禁为国家的前途和自身的命运而忧虑不已。

伴随着大工业生产的发展,此起彼伏的罢工事件在教士们心里投下了一片阴影。早在19世纪60年代中晚期,大规模的社会风暴降临之前,许多敏感的教士们就已经觉察到了"隆隆的雷声"。更加令他们担心的是,工人的罢工大有与社会主义运动走向融合的趋势;社会主义劳工党、劳动骑士团、国际工人协会等组织在各地工人中相继成立。1886年芝加哥干草市场的爆炸令包括宗教界人士在内的众多美国中产阶级对社会主义视如洪水猛兽,他们不安地感到了工人运动与这种"无政府主义"相结合的危险性。单单是社会主义的异质性这一点就足以令他们感到深恶痛绝。他们认为,社会主义是跟随德国移民进入美国的,所以是一种"异端邪说",他们对于它的到来感到深深的恐慌。教士们异口同声地拒绝承认社会主义乃是一种经济和社会哲学。在他们眼里,社会主义的推波助澜已经使劳工的不满构成了"对社会稳定最明显的威胁",势必将会带来"最可怕的后果"。他们觉得社会主义正在侵蚀美国的宗教与家庭,也正在动摇着美国的法律与秩序的根基。他们惊呼,"可以忽略社会主义的时代已经过去了","社会主义的稳步发展预示着这个国家的灾难"。

城市秩序的混乱与城市道德的失范也使教士们感到了一种迫近的危机。1885年纽约社会福音派教士乔赛亚·斯特朗出版了一本书,名叫《我们的国家:其可能的未来与目前的危机》。这是美国"社会福音运动"中比较早地正式使用"危机"概念并对当时的美国社会危机进行全面系统研究的一部著作。斯特朗在书中直接将"危险"二字冠于各章标题之首,向社会发出一种警戒的信号。在这部总共14章222页的书中,斯特朗用了8章130页的篇幅详尽论述了他认为美国社会正在面临的种种危险。在他看来,移民、天主教、摩门教、纵酒、社会主义、财富积累与集中、城市的迅速成长以及公用土地枯竭等都是当时威胁美国社会的主要危险因素。

1897年,另一位社会福音派教士沃尔特·劳申布什酝酿写一部《基督教运动与社会运动》。可是到1907年3月,当他最终定稿时却毅然将书名改成了《基督教与社会危机》,其中一个章节原本命名为"目前的呼唤",也被改成了"目前的危机"。

从1907年3月到1908年3月,在仅仅一年的时间里,就有四部以危机为主题的专著在美国相继问世,它们无一例外地都是出自社会福音派人士之手。先是沃尔特·劳申布什的《基督教与社会危机》;一个月之后又有了席勒·马休的《教会与变化的秩序》;1907年8月,乔赛亚·斯特朗出版了他的《城市的挑战》;最后便是华盛顿·格拉登在1908年3月间完成的《教会与现代生活》。这四部作品的问世足以说明,长期以来美国城市秩序的混乱与道德的失范,在这些新教教士们心中激发了强烈的危机感。斯特朗曾经在他的著作中写道:"城市既是我们文明的神经中枢,也是风暴的中心。"他指出:"城市就是新工业社会的缩影","城市问题在将一场民族危机强加于我们的头上"。

斯特朗预言"如果不立即采取行动,(美国)二三十年内必将陷入社会危机或是政治危机"。当时其他很多教士也都深感大难将临。他们感到城市已经因充满形形色色的暴徒、赌棍、窃贼、强盗、违法者与亡命徒而变成了一个"社会的火药库"。他们看到,美国绝大多数大城市的政府长期以来"多多少少都已经变得腐败了,在很多情况下不啻于一个庞大的欺诈系统"。华盛顿·格拉登将焦点直接对准了美国"工业和社会秩序中已经发生的动乱",也就是劳资冲突问题。他将这一局面的影响力与当时旧金山大地震所造成的巨大破坏力相提并论,将黑幕揭发记者们所声讨的种种社会问题统统列入了他的著作里,书中的内容涵盖了城市的罪恶,保险公司和食品加工厂状况调查结果,铁路、船运以及公共事业中的兼并和垄断,工人与雇主间矛盾情绪的加深等等。他尖锐地指出,"这里,在美国我们正面临着一场社会的危机,回避这一事实乃是徒劳而愚蠢之举。目前正在这里发挥着作用的各种力量……意味着破坏。自内战以来正在积聚力量的各种趋势——各种使力量积聚到几个人手里的趋势;野蛮地使用这种力量的趋势;无限度地享受与挥霍的趋势;社会各阶级分化与对抗的趋势必须得到遏制,而且是迅速遏制,否则我们很快就会陷入混乱。一种能使哈里曼或者洛克菲勒崛起的社会秩序是一种不能长久的社会秩序"。

从这些教士们的话语中人们不难体味到他们内心的焦虑。事实上,他们的不安还另有原因,那就是,社会的危机已经波及到了教会的处境,随着美国社会人口成分多样性的增强和中产阶级住宅的郊区化,教堂正在日益受到人们的冷落。

在内战后的半个世纪里,美国发生了一场"人口革命"。而这场特殊革命的导火索则是内战后汹涌的"移民潮"。内战后,随着和平的恢复和经济的繁荣,移居美国的人口不断增加,在1890年到1914年的24年间,共有一千五百万移民进入美国。美国原本就是一个由移民人口组成的国家,但不同的是,内战之后出现了移民来源的"大转向"。内战前的移民大都来自西欧和北欧的英、法、德、爱尔兰以及斯堪的纳维亚各国,他们无论在血缘上还是在文化上,都与美国本土人士有着千丝万缕的联系。他们与美国人有着相同或相近的风俗习惯和宗教信仰，进入美国后很快便能够融入本土文化。然而，内战结束后进入美国的大批移民绝大多数是来自意大利、俄国、希腊、奥匈帝国、罗马尼亚、土耳其等东南欧国家的贫苦农民。这些移民的语言、风俗习惯和宗教信仰与美国人大相径庭，这就是所谓的"新移民"。1907年的统计结果表明，当年的"新移民"人数占到了移民总数的81%。一批又一批来自东欧和南欧的意大利人、波兰人、克罗地亚人、捷克人、斯洛伐克人、匈牙利人、希腊人、俄罗斯人和罗马尼亚人涌入了美国大大小小的城市，成为矿山、工厂里的雇佣工人。1890年，纽约市居民中的移民人口比世界上其他任何国家都多。它的意大利裔人口是那不勒斯的一半，德裔人口是汉堡的一半，犹太裔人口则是华沙的两倍半；而在芝加哥，这一年的外国裔出生者人数几乎等于1880年时的全市人口总数。于是，在美国的城市里，出现了到处都有人讲波兰语、意第绪语、立陶宛语、捷克语、希腊语、意大利语的特殊现象。

"新移民"的涌入带来了大量的"异教徒"，种族和语言的隔阂常常导致移民们加入本国人所在的教派。这些教派的礼拜仪式和教堂生活将移民们团结在了他们周围，移民中很少有人会主动去问津新教。还有些移民在本国时就不过是一些欧洲国教教会名义上的成员，或者干脆就是无教派者或反教派者。他们对其本国的国教教会原本就有所不满，到达美国后，并不寻求加入美国的教会，而是建立他们自己的组织严谨的社区。这一时期，路德教、犹太教、东正教、佛教、天主教都在美国得到了发展。1869年芝加哥的波兰人最早形成了自己的天主教教区，并确保用波兰语布道。到1916年时德国移民在全美各地总共形成了1890个教区。1907

年，纽约犹太教徒在下东区建起的教堂达到了326座。移民们不仅建立了自己的教会、教堂，而且还成立互助组织、社交俱乐部，不少还发行了自己的报纸。到1910年前后，犹太人成立了大约3000个互助组织，波兰人成立了大约7000个这类机构。"全国斯洛伐克人协会"拥有会员37000人。这些组织在为移民们提供一些经济援助的同时，也使他们能够与自己本民族文化保持着紧密的联系。这样一来，大量的城市人口都与新教教堂根本没有任何联系。

不过，新教教堂遭冷遇的原因也不完全在于移民，中产阶级的住宅郊区化，也使坐落于城市中心地带的教堂更加门庭冷落。由于市中心形成了为数众多的贫民窟，有条件的人开始移居郊外，远离那些人口拥挤，空气污浊，疫病流行，酗酒、犯罪现象时有发生的地区。有轨电车在美国城市中的逐步普及也为中产阶级外迁提供了便利条件。即使迟至1900年的时候，5美分一次的车费对于收入菲薄的工人来说也是根本支付不起的，但是对于正在形成的城市中产阶级来说，却不过是个区区小数。医生、律师、小商人或中型制造商等当时的美国城市白领阶层能够有足够的收入在交通便捷之处购买自己的房子。地产商则迎合他们的心理，在市郊建起舒适的住宅区。中产阶级住宅的郊区化对于美国的新教教会而言，不免又是一个打击。有实力的教堂不得不卖掉城里的建筑，也跟随着他们的教众迁往郊区，而留下的则不免陷入一种门庭冷落的尴尬境地，往昔那番教众云集的盛景已成明日黄花，随着美国梦一同消失于各个郊区之中。

"耶稣会怎样做？"

为了能够吸引更多人成为教众，新教教士们可谓煞费苦

《踏着他的足迹》的作者查尔斯·谢尔登

心。堪萨斯有一位年轻教士,他的做法更是别出心裁,而且很有效果。查尔斯·谢尔登是堪萨斯州托派克城的公理会教士,每周日晚上教堂都要举行晚礼拜,但是参加的人常常很少,为了吸引更多的人礼拜日到教堂,谢尔登开始转变他的布道风格,他不再空谈虚玄的死后天堂,而是使所宣讲的内容尽量贴近生活。而且,他还把消遣与宣教进行了形式新颖的结合,他把要讲的内容编成了系列故事,寓教于乐,让人们在津津有味地听故事的同时,也能在不知不觉中接受其中的寓意和启迪。尽管谢尔登的做法在当时也曾经招致怀疑甚至引起非议,但是结果证明,他的"布道改革"非常成功,他的教堂始终保持了很高的人气,而且他所讲的那些系列故事也汇编成了一部非常畅销的小说,他给小说起名叫《踏着他的足迹》,因为故事的内容是号召人们追随耶稣的足迹去解决当时美国日益严重的社会问题,他号召人们要时刻问问自己:"耶稣会怎样做?"——"What would Jesus do?"

在小说中,这句问话最初出自一位流浪汉之口,小说主要讲的就是发生在他与一个神父之间的故事。亨利·马克思韦尔是一位体面的公理会神父,有着舒适的住宅和优裕的生活。每周日都要在教堂主持早礼拜仪式,虔诚地向教众宣讲耶稣的教义。他总是提前精心准备布道的讲稿,决不允许妻子对他有丝毫的打扰。小说开始于一个周五的早晨,马克思韦尔神父的礼拜日讲稿还没有准备好。随着时间一点一点地流逝,他感到越来越焦躁。他责怪妻子几次干扰了他的思路。于是,他对着楼下的妻子大声说:"玛丽,如果再有人来,希望你能告诉他我很忙,除非有非常重要的事情,否则不能下楼。""好的,亨利。不过我要去走访幼儿园,你将自己独享这个家。"神父走进楼上的书房,关上了门,几分钟后,他听到了妻子出门的声音。他在书桌旁坐下,长长地舒了口气,然后开始写他的讲稿。"你正在受到召唤,因为耶稣也在为你受难,他为你树立了榜样,请你踏着他的足迹走。"神父正写着讲稿,却突然听到了门铃声,他走到窗前,俯身看到门前站着一个衣衫褴褛的流浪汉,他下楼开了门,双方相互凝视了一会儿,流浪汉先开了口:"先生,我失业了,我想,也许你能帮我找点活干。""我不知道哪有活,工作很难找。"一边说着,神父慢慢地关上了门。流浪汉试图再做争取,可是神父拒绝了他。可是,神父没有想到,这位潦倒的失业者已经到了走投无路的地步。他的妻子刚刚死去,留下了一个幼小的女儿。他自己不仅找不到工作,而且也已经病入膏肓。他在这座城市里孤独地徘徊了三天,曾经向许多人求助过,可是对他最好的一个就算神父了,他至少给了他一些礼貌和同情。周日早上,他去了教堂,坐在后排听了好久,听马克思韦尔神父带领教众们虔诚地祷告:"你正在受到召唤,因为耶稣也在为你受难,他为你树立了榜样,请你踏着他的足迹走。"可是他越听越不明白,为什么到教堂来做祷告的这些有钱人对穷人是那样的漠视。他们总是虔诚地说要跟着耶稣走,可是他们自己住豪宅,穿锦衣,戴珠宝,三餐尽享美味珍馐,暑天举家外出度假,而教堂外多少人正流离失所,失业、疾病、饥饿使得数以千计的人死于贫民窟。他不知道,面对这样的现实耶稣会怎样做?流浪汉在死去之前,忍不住想问个明白?他走到教众的面前,大声地向他们道出了心中的疑惑,他问他们:"那天晚上,我听到一些人在一个教堂的祈祷聚会上唱:'一切跟随耶稣,一切跟随耶稣,我全部被救赎的力量,我全部的思想,我全部的行动与我全部的时日。'我坐在教堂外面的台阶上,就是想不明白,他们究竟是什么意思?照我看,这个世界上好像有很多可怕的苦难,可是所有那些祈祷的人如果都能照着他们唱的那样去做,那么所有的苦难就将荡然无存。我想我不明白这一点。可是耶稣会怎样做呢?你们说要遵循他的足迹就是这个意思吗?"流浪汉的发问因为他的死而使人感到有些悲壮,马克思韦尔神父和他的教众们都感到心灵受到了震撼。神父号召他的教众们在做事情之前要问一问自己"耶稣会怎样做?"于是,人们开始听到社会上到处都在流传这句问话,"耶稣会怎样做?"

由于这部小说扣住了时代的脉搏,所以就像书中描绘的那样,在现实社会中"耶稣会怎样做?"这句话也随着小说的畅销而在美国的大街小巷中流传开来,人们随处可见"WWJD"的字样,这就是"What would Jesus do?"中四个单词的字头,人们把它们印在服饰上,还有人利用这些字头改写了原句:"Walk with Jesus Daily."意思是:"每天跟着耶稣走。"作为一名教士,谢尔登之所以能写出这样的小说是因为他本人就是一个基督教社会化的倡导者,他认为面对丛生的社会问题和教会自身受到疏离的不利形势,神职人员应该肩负起社会责任。这部小说成为"社会福音"思想的一部启蒙作品。"社会福音"理论的代表人物沃尔特劳申布什曾经承认,他的神学思想的形成在很大程度上是受《踏着他的足迹》的启发。事实上,面对当时正在发生的巨变,美国新教各派中都有人在关心着时代的问题。从 19 世纪 70 年代起,一些美国新教神职人员便已开始了对宗教服务社会之路的探索,其中不少人按照自己的信念重新审视《圣经》,阐释神学,从中挖掘耶稣的社会教义,试图为宗教名正言顺地参与社会改革找到理论依据。他们希望由此重新唤起民众的宗教热情,挽救宗教的衰败,医治社会的弊病。到 1908 年,各教派都在表达一种新的责任意识。这年 12 月,教会联合会举行了第一次会议,而会议的报告题目是"教会与现代工业",这份报告公开声明:"我们认为使自身直接关注某些现实工业问题乃是全体基督教信仰者的责任。"社会与教会的困境乃是社会福音派崛起的前提和社会福音运动产生的大背景,在这一前提和背景之下,美国宗教思想的整个体系经历了一次深刻的震荡。为了寻找宗教和个人的意义,教士们努力拼搏,放弃了此前基督教只讲灵性交流和个人自救的传统原则,开始挖掘基督教中的社会教义,将新教徒的使命从拯救个人转变为拯救社会。他们重新阐释了福音神学理论,逐渐对基督教形成了一种社会性的诠释。

尘世的"天国"

从 19 世纪 70 年代起,教士们参与社会改造的热情不断升温,他们曾经提出了很多新名词来表达自己的社会化神学思想,例如"应用基督教"、"社会基督教"、"进化论基督教"、"科学基督教"和"基督教社会主义"等等。最终,在这些宗教改革者们不断的思考、实践和交流过程中,一个名称沉淀了下来,那就是"社会福音"。就像大浪淘沙,"社会福音"凝聚了当时美国新教各派的共同见识和思想精华。概括来说,"社会福音"神学的核心思想可以归纳为十个字,那就是:人间皆兄弟,尘世有"天国"。它体现着教士们改造社会的愿望和希望实现"人间天国"的梦想。

"社会福音"这个名词最初诞生于佐治亚州。19世纪90年代,宗教社会化的呼声在新教徒中越来越响亮,大家各抒己见,跃跃欲试,都希望基督教能够早点走上拯救自己、改革社会的道路。在这样的形势下,公理会教士乔治·赫伦提出了建立"基督教政府"的乌托邦设想。他申明自己的观点,"如果政府想要幸免于被日益强烈的社会怒潮所吞没,它就必须信仰耶稣基督"。赫伦期待着能够建立一个由"基督教政府"领导的"基督教社会",由政府代表社会全力谋求公共福祉。赫伦的激情感染了众多的新教同仁。他们从1895年11月开始设想建立一个基督教合作社组织。1896年11月,经过近一年的筹备工作,三四百名志同道合者,在来自于内布拉斯加州的乔治·吉本森和来自北卡罗来纳州的拉尔夫·阿伯岑两位教士的带领下,在佐治亚州买下了一个破败的棉花种植园,在那里创建了占地千亩的"基督教民主合作社",他们以种植棉花和生产毛巾等日用产品为生,宣誓要"在生活、劳动及财产使用等所有事务中履行基督的教义"。合作社本着民主与平等的原则,欢迎各界人士的加入。在合作社内部,全体社员以兄弟关系相处,所有财物均由全体社员共有、共享或者共用。合作社的建立无疑寄托着众多新教徒们美好的乌托邦梦想,只可惜,这是一次短命的尝试。一来是因为合作社的生产和商业经营活动并不景气,二来是合作社在1900年遭遇了一场严重的伤寒袭击,一些社员染病而死。这真是应了中国的那句古话:"福无双至,祸不单行"。就这样,在双重灾难的打击下,合作社于这年春季被迫解散。不过,"基督教民主合作社"在基督教史上依然意义非凡。它对美国进步主义运动最大的贡献就是为新教界参与社会改革提出和传播了一个名词——"社会福音"。在合作社存续期间,作为其领导者之一的阿伯岑组织创办了公社社刊,取名为《社会福音》。《社会福音》是一份36页的月刊,总共发行了三年,在新教界小有影响,拥有读者两千多人,约翰·斯特朗、乔治·布莱克、B. F. 米尔斯、约翰·科蒙斯等当时新教界的思想精英和名流大家都曾对它呵护有加,使它有机会刊登了不少高质量的文章。《社会福音》成了进步人士探讨社会问题、交流思想观点的一方园地。各教派通过文章切磋观点,并在实践中走向合作。实际上,佐治亚基督教合作社本身也是跨教派联合的一次开先河的尝试,它的榜样作用历久不衰。通过社刊的发行,"社会福音"名词不胫而走,逐渐作为社会基督教思想的代名词,得到了世人的接受。

1910年,新教教士席勒·马休首次将"社会福音"用于书名。这使得这个名词的影响力进一步扩大。书中,马休并不否认基督教拯救个人的重要性,但他同时却更加强调基督教拯救社会的意义和紧迫性。他宣扬耶稣教义中的福音是社会福音,既能改造个人也能改造社会。他认为,神职人员身为耶稣的使徒应该努力工作去解决社会问题,使耶稣的原则在社会生活的所有领域中得以贯彻。

"社会福音"神学表达了新教教士们心目中的一幅美好愿景。它的中心思想包括对社会整体改良主张以及对宗教改造社会功能的强调,概括来说,"社会福音"神学的核心思想可以归纳为十个字,那就是:人间皆兄弟,尘世有"天国"。正如美国历史学家苏珊·科提斯所言:"按照社会福音,每位基督教徒都有着双重的责任:对自己的和对社会的。"社会福音理论宣扬:人生于一个罪恶的社会,这一事实乃是产生深重罪恶的根源,解救办法就是由耶稣建立一个新的环境来拯救难以管教的人们,改造罪恶的社会。因此,教徒应成为社会改革者,把《圣经》所教导的"爱"与"正义"的原则贯彻于社会生活之中,把耶稣的社会教义应用到社会经济活动之中,通过改革人们的学习和生活环境来拯救人类社会,按照上帝的旨意实现理想的"人间天国"。

"社会福音"神学思想中主要包含着相互依存的三个观点:第一,上帝是普遍存在的;第二,社会是有机联系的;第三,理想的天国是可以在人世实现的。

"上帝普遍存在观"是这种新神学思想的理论基石,它打破了基督教传统教义在人神之间所竖起的樊篱。这种观点认为上帝普遍存在于自然界和人类社会之中,普遍存在于精神世界和社会领域之中,普遍存在于宇宙之中、历史之中、人类社会的进程之中。上帝赋予人类理想,指引人类走向最高的成就。"社会福音"神学给上帝的形象带来了显著的变化,上帝不再是传统基督教教义中那个高高在上的、"愤怒的神",上帝所起到的作用也不再是对人类施以惩罚和复仇行为。现在,上帝成了和蔼的父亲,与人们非常亲近。上帝成了一种超级的力量和爱,他充满了宇宙,通过各种人类制度和人发挥着作用,使人们更加快乐和幸福。当然,"上帝普遍存在观"在改变了上帝形象的同时,也扩展了宗教所能涉足的领域,为"社会福音"运动的兴起准备了思想基础。由于它相信慈父般的上帝存在于人类制度之中,那么宗教也就由此获得了扩展其活动领域的一种新的便利,它有充分的理由参加俗世的社会活动和关照人间的经济与政治生活,正像社会福音运动领袖华盛顿·格拉登在《基督教与社会主义》一书中所说的那样,"上帝的父亲身份为我们打下了实现社会秩序、和平与福利的基础"。

在逻辑上,"上帝普遍存在观"距离"社会有机论",仅仅一步之遥。用格拉登的说法,人类的大团结是以这位神圣的父亲(上帝)遍存于所有人中间为基础的。"社会有机论"宣扬社会的和谐和整体进步。它不仅强调人与人之间的相互联系,也强调社会组织与事件的不可分割。它宣扬上帝创造了天国和人世,也同样使所有的人都血脉相连。按照这一理论,上帝乃是人类的父亲,人间皆是兄弟关系,社会是个有机的整体,或者一起运转或者根本不动,人与社会相互依存而发展。同时,作为社会的成员,人与人之间也是你中有我,我中有你的关系。没有人能够离开他人而生、而死、而幸福。人类要想只解决任何一个单一的社会问题都是不可能的,因为每个问题都是其他问题解决方法中的一个组成部分,而所有问题的解决都部分地取决于其中每一个问题的改进。与过度强调个人主义的加尔文主义思想相比,这种自由主义的神学态度则宣扬了人在本质上所具有的一种健康、宽广的社会性,也由此走向了一种社会救赎观。正如传统教义里把上帝的孩子解释为再生的个体,"社会有机论"则把上帝的天国解释为再生的社会。耶稣的任务不仅包括拯救个人,也包括拯救社会。社会福音派坚持认为,救赎乃是一件社会性的事务——基督教徒们不仅对自己的救赎负责,还要为兄弟姐妹们的救赎负责。这种社会救赎观要求基督教徒团结起来对付那些阻碍了众多美国人踏上救赎之路的贫困、邪恶和污秽。

"人间天国"的概念是"社会福音"神学的第三大理论,也是上帝为人类设计的最高理想境界。就像科提斯曾经说过的那样,"由一位无所不在的上帝所赋予的社会救赎观点带来了新教思想中的第三大转变——将对'彼岸世界'的关注转向了对现实生活的关心"。"人间天国"思想宣扬:上帝已经开始了他对人世的统治,上帝之国既非来世才能达到的"彼岸世界",也非永远遥不可及的乌托邦梦想,而是一种可以实现的理想,"是一种真实的力量",是一个人类今世便可进入的天堂。它由人的情感、兴趣、追求等生活中常见的事务组成。幸福的家园、快乐的课堂、忠诚的工作、诚实的经营、美丽的公园、有益健康的食物、公共图书馆、丰富多彩的娱乐活动、优雅的社交以及廉洁的政府等

社会福音派领袖,"人间天国"思想的主要代表者沃尔特·劳申布什

等,都是实现人间天国的积极因素。概而言之,幸福的人类社会就是理想的"人间天国",而耶稣则是沟通人间与天国的使者。他是一道门,神通过他进入人类,而人则通过他进入神界。在实现人间天国的过程中,尽管会有挫折和灾祸,但是人类却终将走向进步,那是因为上帝普遍存在于宇宙中。

不难发现,"社会福音"神学宣扬的是一种"人性化的宗教",它的核心信仰就是:上帝是慈父,耶稣爱人类,人间皆兄弟,上帝普遍存在于宇宙之中,而人类则有能力按照上帝的旨意建立美好的"人间天国"。它用人间的伦理道德关系涵盖了宇宙间的一切关系,它通过理性的逻辑推理巧妙地化解了现代科技发展所带来的宗教信仰危机,使理性成为信仰的护身符。

但管人间烟火事

带着美好的天国梦想,社会福音运动者们开始忙碌起来。他们不仅施医舍药,捐资赠物,开展传统的慈善救济活动,而且还参与组织"禁酒运动"、"社会服务处运动",设立"公共事务性教会",创建儿童俱乐部、成人夜校等文化教育机构,形成了一个颇具社会影响力的"新教徒宗教社会服务体系",大张旗鼓地管起了劳资纠纷、市政腐败、贫困、犯罪等等俗世间的大事小情。

由于劳资冲突一直是工业化时期美国所面临的一个重要问题,所以劳工问题也是社会福音运动者们所关注的焦点。1875年秋季,华盛顿·格拉登在马塞诸塞州斯普林菲尔德的北方教会担任教士时,曾经连续在教堂做周日布道,陈述他对劳工问题的看法。他提出了解决劳资冲突的互惠原则。转年,格拉登将讲稿结集出版,题为《劳工及其雇主》。在格拉登的带动下,理查德·牛顿、里曼·奥特沃特、查尔斯·布雷斯、爱德华·沃斯本、亨利·珀特、亨利·纳尔逊、约瑟夫·库克、爱德华·罗杰斯等一批新教各教派人士纷纷陈述己见,对劳资冲突和城市弊病进行分析,并对教会的出路以及教会所应承担的社会功能展开讨论。

1877年的铁路工人大罢工引爆了劳工阶层中蕴蓄已久的不满情绪,罢工怒潮一旦爆发便势不可挡,全国规模的工人罢工愈演愈烈,社会主义理论乘势在工人中得到传播。在宗教人士眼中,劳工问题无疑变得更加棘手、更不待人。在罢工浪潮的推动下,格拉登曾对劳资问题的起因加以探究,他认为劳资问题之所以产生,完全是由于工业领域的无度竞争制造了一种战争状态。失业、疾病、节省人力的电力机器的发明等都使得工人们的生活状态极其不稳定,而生活必需品的开支却日益增加,雇主们的腰包也越来越鼓,当工人将自身处境与其他社会阶层加以比较时,他们自然会产生不满情绪,而当工人公平分享劳动成果的要求遭到雇主的拒绝时他们自然便会起来反抗。格拉登注意到,众多劳工虽然辛勤工作,节俭生活,虔诚祈祷,却不能养活他们自己。就是说,在工业化的时代里,勤劳、节俭和虔诚之和未必一定等于成功,而这一不等式,就是"劳工问题"的症结。

当时,很多社会福音派人士都表示了他们对个人主义工作道德观的质疑。他们认为,19世纪末以来,美国工业的迅速发展已然极大地改变了美国社会的传统生产关系。公司的出现和生产线的应用改变了生产者各行其是的独立身份,工人们都成了大机器生产条件下的"团队劳动者",自我奋斗的个人主义工作道德观念已然落伍了。巨大的经济力量已经控制了美国人的生活并动摇了传统工作道德存在的根基,在一个个人根本无法掌握自身的经济命运的时代里,劳工乃是大机器生产的受害者,社会应该对他们的不幸负责。为此,社会福音派主张,劳工阶层应该同中产阶级一样享有健康、教育和发展心智的机会,过上更加富裕的生活,自由自在地享受到生活中所有最美好的东西。

不过,社会福音派倒也不是完全站在底层立场上,替劳工说话的。他们是想在劳资双方之间做个"和事佬",以基督教的和谐共处和兄弟关系伦理来化解劳资冲突,平息罢工的怒潮。他们提出的方案是工业合作,并将它推崇为"文明社会的最高法则",呼吁劳资双方遵循基督教的"牺牲、服务和仁爱"三大生活定律,以合作代替对抗,在现实的工业环境中相互合作、互相依存,彼此间既予亦取,互利互惠,从而达到二者间的和平共处和社会的稳定与进步。

然而,教士们的一片苦心却遭遇了社会大众公然的敌对态度。不仅教会受到了工人的冷落,而且一些工人领袖还公开谴责教会与富人为伍并对其布道讲词大加质疑。例如,一位新英格兰工人曾经在纽黑文《工人的辩护者》报专栏中谴责布道者不关心失业工人,他指出,教士们应为世上尚存在如此之多的贫困与不幸而感到脸红和羞耻。底层的敌意使满腔热情的宗教改革者们陷入了极端尴尬的境地。但是他们却并未知难而退。为化解劳工对教会的敌意并使基督教重新深入大众,教士们开始尝试专门为劳动者阶层建立教堂或者其他社会组织,并对劳工问题采取更加直接的行动。1894年,循道公会教士赫伯特·凯森在马塞诸塞州领导建立

享有"社会福音之父"称誉的社会福音运动代表人物华盛顿·格拉登

了"林恩劳工教堂"。凯森主张,真正的教会应该由当代致力于改革运动的人组成,他对广大劳工表示同情,并在自己的职位上尽其所能地对他们给予帮助。他为建立劳工教会所提出的四大原则堪称经典:第一,杜绝宗教迷信,培养劳工运动的道德性;第二,加强社会交流,进行合作实践;第三,教育自身及他人为应对社会危机做好准备;第四,以集体合作作为社会理想。"林恩劳工教堂"曾经在英美受到过广泛关注,也曾经吸引过一些劳工的加入。凯尔·哈迪等劳工领袖曾经登上过那里的讲坛。1894年的劳动节大会有七千群众齐聚于此,转年同期又有35个行业组织向大会派出代表,凯森因此赢得了"现代版的希伯来先知"的美誉。直到20世纪初期,随着凯森因健康原因离任,"林恩劳工教堂"才逐渐衰落下去。不过凯森的事业却不乏后继者。1910年,由新教教士查尔斯·斯德尔兹在纽约市建立了另一座面向劳工的教堂"劳工圣殿"。在第一次世界大战爆发前的年代里,这座教堂始终活跃在社会改革的大潮之中。斯德尔兹试图通过教会与劳工组织的结合达到团结劳工的目的。1904年,他首次在明尼阿波利斯市以教士协会与该市劳工中心委员会互换代表的方式促成了150余名新教各派教士参加了工会各次会议,从而使教会"与庞大的劳工阶层取得了愉快的接触"。19世纪初期,在"美国教会联合会"的号召下,数千家美国教会都将劳动节前夕的那个周日定为"劳工周日"。1913年,在"联合会"领导下,美国新教各派还开展了全国性的为劳工争取公休日活动。他们提出在每周七天的时间里应该给工业劳动者一个休息日。"教会联合会"为此专门印制了宣传手册,取名为"不间断的劳作与不间断的劳作者",也叫"在七天中为工业工人留一天"。手册号召公众为了工人的健康去敦促国家制定法律,使工人每周获得一天的休息时间,并建议将这一天定在基督教的安息日。1914年,"教会联合会"又将其关怀的对象扩展到政府机关之中,它的指导委员会要求国会参众两院为政府雇员通过一个"周日休息法案"。在随后几年里,"教会联合会"又为争取工人的其他利益以及退休后的福利而向民间和政府部门奔走呼吁。

尽管社会福音派一直致力于对解决劳工问题的探索,但自始至终都不曾忽视其他城市弊端以及教会在革除这些弊端上应起的作用。要在一个正在走向工业化和城市化的国度里建立天国般的理想社会,最重要的步骤当然就是城市的基督教化。因为,正如教士们所说的那样,城市既是"这个新工业社会的缩影",也是"这个新社会的中心"。对于他们来说,"那里既有最大的问题也有最大的机遇"。所以他们希望将腐败的城市变成理想的"上帝之城"。他们相信:"天堂之国就在城市之中",只要能赢得城市就能加速天国的降临,只要把城市都建成"上帝之城"就会实现人间天国之梦。1909

年7月21日,纽约市教士弗兰克·诺斯曾经在其名为"城市与天国"的演说中满腔热忱地表达了他对基督教城市使命的极大重视,他指出:"天国之路不在城市的废墟上,而在城市的街道里。"他鼓舞人们说,"天国即将来临!我们梦想它,期待它,我们为它而努力工作。城市就在这里,城市是天国的心脏,是这场大运动的关键一环"。

自19世纪60和70年代,就有爱德华·沃斯本和亨利·珀特等一些教士开始强调城市环境与城市道德间的关系。沃斯本批判"大城市里骇人听闻的统计资料是文明发出的越来越严厉的诅咒——是一个祸患中心。在那里数以千计的人生活在暗无阳光、污秽简陋的邪恶斗室,似乎注定了其道德上的死亡"。他强调环境对个人的影响,认为要使培养个人宗教与道德品质的努力发挥作用,就有必要先从治愈外在的邪恶入手进行改革。亨利·珀特则主要就财富的危险、人们对社会需求的冷漠、公民的义务、贫民窟的儿童、廉价出租公寓等方面的问题发表看法。他呼吁新教教会要站在公正的立场上去面对上述问题,发挥起"道德导师"的作用,证明自己对这些问题"具有很大的发言权"。他说,"作为一个永恒的道德主宰(即上帝——引者)的见证及信使,教会有比布道安慰人重要得多的职责要履行。教会正在经受考验,它必须通过服务社会来证明它有理由享受免税的待遇"。

这一时期,还有一些新教各派的教刊编辑记者和学者在对城市犯罪问题加以探讨。他们包括《圣经全书与普里斯顿周报》的J. B. 比丁格、《卫理公会季刊》的博斯特维克·霍利、《周日下午》的华盛顿·格拉登等;查尔斯·布雷斯、伯顿·伯恩、爱德华·贝拉米、朱莉娅·赖特等人也纷纷撰稿加入讨论。在随后的三十多年的时间里,由于工业的发展和市政管理的滞后与腐化,城市问题日趋严重,不少教士开始对教会在城市问题方面表现得无能为力进行批判,并再次重新思考教士的社会职能。他们进一步强调基督教的道德性和耶稣的道德教义。他们将基督教的救赎说置于道德和社会的双重语境中予以阐释,将人间上帝之国的概念描绘为人类社会唯一的理想出路。面对日趋严重的社会问题,一些社会福音派教士发出警告,除非教会顺应时势,主动参与社会改革,否则公众将会继续忽视它的存在。在具体改革方案上,他们开出的则依然是那副宗教济世之方,他们强调要拯救的是整个社会。直至1910年,社会福音运动已经进入盛期时,斯特朗还在强调,"社会必须像个人一样得到拯救"。而上帝之爱则是拯救社会的唯一"黄金法则",是实现社会正义的"最高定律"。

社会福音派对其他城市问题也都有所关注。从19世纪末期起,他们中开始有人陆续在《基督教联合会》等社会福音派创办的刊物上发表文章,就廉价公寓、贫困、市政腐败、禁酒等问题进行讨论。A. J. F. 伯伦兹、塞缪尔·哈里斯、乔赛亚·斯特朗、华盛顿·格拉登等都是其中的活跃分子。

禁酒运动是社会福音运动者们积极参与的一项重要社会活动。美国工业化时期,廉价而方便的酒馆受到了社会底层劳动者们的欢迎,各城市中的酒馆数量迅速增加,成为工人们业余生活的主要场所。不过在一个到处充满骚乱与冲突的社会中,酒馆当然也不会是一方远离尘嚣的净土。那里虽然被称为"工人的俱乐部",有时也不免成为酗酒、斗殴甚至卖淫的场所。在这一背景下,美国宗教界人士积极参与了全国性的禁酒运动。他们配合妇女社会活动家们一道成立了各种专门的禁酒组织。"妇女基督教禁酒联盟"、"反沙龙联盟"以及"卫理公会禁酒协会"等都曾经活跃一时。而且，社会福音运动者们还在其"教会联合会"中特别设立了一个单独的"禁酒委员会"。1913年12月10日，在一项关于禁酒的宪法修正案被提交到国会两院的这一天，"教会联合会"的"禁酒委员会"专门在华盛顿特区举行集会，其委员会主席还前往出席众议院的司法委员会，敦促此项宪法修正案的通过。转年12月，"教会联合会"的执行委员会又在弗吉尼亚州的里士满再次集会。席勒·马休和威廉·布赖恩分别作为"教会联合会"主席和北长老会教派代表向3500位与会者发表演说，申明其"绝对禁酒"的立场。新教界"绝对禁酒"的主张未免过于偏激，不仅使饮用烈性酒和酗酒行为受到打击，就连含有酒精的饮料也遭到连累。尽管如此，禁酒运动毕竟卓有成效。1919年禁酒法案被正式列为美国宪法第18条修正案，不能不说其中包含着这些社会福音运动者们几十年的努力。

城市政治的腐败同样令教士们深感忧虑，特别是"城市老板制"的盛行及其弊端。因此调查和揭露市政腐败也便成为当时美国社会福音派教士们所进行的一项重要社会活动。当时的纽约著名新教教士R.H.牛顿曾经明确指出，在造成贫困现象的原因中，"政府未能充分发挥其社会功能"乃是"问题的最主要原因"。1890年，牛顿发起成立"纽约人民市政同盟"，将一批中产阶级专业技术人员和新教教士组织起来，致力于铲除纽约市的市政腐败现象。19世纪末，芝加哥的教士们也曾经对威廉·斯泰德（William T. Stead）在那里的实际统治行为进行过调查。进入20世纪后,该市圣公会教士沃尔特·萨姆纳又曾经成功地请求市长任命一个专门委员会,由萨姆纳亲任主席,在他的带领下对芝加哥的市政问题予以调查,为其他城市的市政改革起到了榜样的作用。纽约市长老会教士查尔斯·帕克哈斯特对该市坦慕尼厅及其市政机构腐败行为的揭露,乃是美国历史上最著名的宗教人士揭发社会黑幕行动。正如本书第一章中所陈述的那样,19世纪末期,纽约市坦慕尼厅的腐败问题曾经非常严重。帕克哈斯特在担任纽约市防止犯罪协会主席的职务期间,曾经对其进行过揭露。1892年,在他的领导下,该协会对坦慕尼厅的贪污犯罪行为进行了调查。结果发现,作为执法机关的警察局却是滋生犯罪的最大温床,就是由于警察从对犯罪行为的袒护和怂恿中大捞好处,才使得该市的卖淫、赌博等刑事犯罪活动日趋猖獗,肮脏的金钱交易竟使警察局变成了犯罪分子最安全的避难所。帕克哈斯特为此对市政府加以指责,因为它阻碍了正义的进程。他指出,如果说改造嗜酒者是教会的任务,那么打击培养酗酒行为的市政府就是教会的责任。为调查真相,他走遍了纽约市的大街小巷,总共为284项违法案件拿到了证人宣誓书等真凭实据。帕克哈斯特的防止犯罪协会的工作取得了相当的成果,霍普金斯将此事的社会贡献归结为"最终造就了整个一个改革的时代"。从实际效果看,它的确引出了大陪审团对警察局的指控,并带动了日后莱克修委员会对市政状况的调查,最终导致了纽约市政官员的重新选举和市政机构的改革。

社会福音派人士专门成立了各种组织用以开展改造贫民窟和其他社会救济活动。据资料记载,从1877年到1900

年间,美国各新教教派陆续在一百五十多座城市里成立了新的教会慈善协会,特别是到1880年时,社会福音运动者们还在各城市中建立了三十多个打破教派界限的慈善协会,从而在全社会掀起了一场宗教界的"慈善组织运动"。运动者们开办了很多救济中心、福利机关、示范住宅、医院、学校和妇幼之家。较之传统的福音理论将贫困归因于个人的懒惰和无能,这些具有自由神学思想的教士们更加强调社会的责任,他们谴责社会失于为每个人提供平等的发展机会,未能保护一些人免遭另外一些人的剥削。因此,他们所成立的这些新型慈善协会不以接济受助者一时一物为目的,而是旨在倡导民主精神,力图将这些组织建设为实现理想的公平社会的一个有效途径。

基督教青年会组织在19世纪中期由英国传入美国,在社会福音运动中得到了迅速发展,并发挥了重要的影响力。它以居住在城市的单身青年为主要服务对象,为他们提供廉价的居所和食物。截至1914年该组织在全美国共成立了大约两千个分会。基督教女青年会从英国传入的时间要比前者晚十年左右,它同样积极参与了许多具体的社会救济活动,随着社会福音运动的发展而不断走向了成熟。自19世纪80年代起源于英国的另一个新教组织——救济军,也开始在社会改革活动中崭露头角,活跃于美国各大城市的贫民窟之中,以基督教的名义为无家可归者提供免费的食宿。社会福音派所建立的最主要的两种组织是社会服务处和兼做公共事务教会。

自19世纪80年代起,社会福音派中有人开始通过组织社会服务处来应对贫民窟问题。他们居住在服务处里,活跃于社区事务之中,为城市贫民提供生活所需的各种指导和服务,向他们灌输中产阶级价值观念,帮助移民家庭学习英语和适应美国的习俗与环境等,引起了广泛的反响。1887 年,斯坦顿·科依特博士在纽约市建立了美国第一个社会服务处,名为"邻里互助会"。1892 年 1 月,在安多弗神学院的毕业生们捐助下,由安多弗神学院教授威廉·塔克筹划在波士顿建立了"安多弗会所"。负责主持其工作的罗伯特·沃兹也是一位安多弗学院毕业生,曾在伦敦的汤恩比会所考察学习了一年的时间。在他的帮助下,匹兹堡新教徒建立了以英国基督教社会主义者查尔斯·金斯利的名字命名的"金斯利会所"。这家会所以"我们共同服务于上帝和人类"为座右铭。1894 年,格雷厄姆·泰勒教士又在芝加哥市建立了"芝加哥康蒙斯会所"。1895 年,以盖洛特·怀特为首的联合神学院的毕业生们,在纽约市组织了"联合社会服务处协会"。此后,圣路易、芝加哥、费城等地的新教徒纷纷效仿这一做法。到 1902 年,由新教徒开办的社会服务处已有七十多家。到 1905 年,由新教徒组织的社会服务处在芝加哥有 11 家,在波士顿有五家,在纽约市多达 24 家,极大地扩大了社会福音运动的影响,促进了运动的发展成熟。

"兼做公共事务教会运动"是社会福音派发起的又一具有较大影响力的运动。他们的做法是,通过位于城市中心地区的新教教会,不仅为移民提供举行宗教仪式的场所,同时为他们提供各种社会服务。随着该运动的展开,举国上下到处可见"兼做公共事务教会"的身影。它们每周七天全都开门工作,提供三餐、工作、医药服务、衣服、幼儿护理和各种社会活动,在帮助社区居民们追求正义和满足生计的过程中将他们联系到一起。参与运动的教士们谴责一些中产阶级新教信徒对城市底层的冷漠态度,他们对贫苦移民给予了极大的关怀和同情。他们认为不应仅从道德角度去谴责移民中的酗酒现象,而应视其为贫民窟问题的一个副产品,主要应将其归因为恶劣的生活环境的产物。这一运动以重新赢得教会在市中心的位置和工人阶级的信任为初衷,纽约圣乔治教堂的威廉·伦斯福德教士成为了"兼做公共事务教会运动"的先锋人物。他是一位爱尔兰血统的纽约市圣乔治圣公会教士,1882年伦斯福德首先废除了教堂出租座位的惯例,此外靠富有的教区委员的经费支持,他还在下东区组织了一个男童俱乐部,为贫民建设了一些娱乐设施并开办了工业劳动培训项目。波士顿的第一家此类机构"博克利堂"则以建立法律援助部门,提供法律服务为特色。《基督教的城市》的创刊人及编辑佛兰克·诺顿也深感城市问题的存在,要求教会采用福音主义的和人道的解决途径,而不能靠宗教说教的做法。诺顿不过是呼吁要正视城市危机的众多新教领袖中的一员。早在19世纪末期就开始为人们指出了"国家的危机与机遇"的乔赛亚·斯特朗教士,到20世纪初仍然继续对城市问题予以关注。早在新世纪来临之前,他便与诺顿以及其他一些教士们一道在1894年组织了"开放的和兼理公共事务的教会同盟",藉以敦促各个新教教会扩大在城市中的工作范围。该组织由伊利亚斯·桑福德教士担任秘书,还创办了《开放的教会》刊物,新教徒们通过它扮演起了社会工作者的角色。新教徒社会工作者们希望通过福音的、教育的和兼理公共事务的活动来达到拯救社会的目的。"兼理公共事务教会运动"取得了一定的成功。到19世纪90年代,它已经拥有了一支由志愿者组成的为数众多的社会工作者队伍，曾经深入到幼儿园、图书馆、医院、大学、教堂等社会生活的各个领域，支持过男童俱乐部、女童俱乐部、劳工教堂、女子之家等各种组织和机构的活动，为公众提供过大众论坛、求职服务、保健、文化学习、体育运动、缝纫与烹调学习、贷款基金、娱乐、贫困救济等各种便利。

通过上述活动，社会福音运动者们的确帮助城市贫民减轻了一些困难，同时也在新教徒与公众间打开了一扇交流之门。他们使新教徒在新的城市环境里找到了自己的合适位置。其真诚的努力与全社会日益高涨的进步主义精神融合成了一体。

5

政府也行动了

社会改革要想成功,不单要靠民间的力量,更要依靠政府决策者的鼎力支持与推动。从这一点上说,19、20世纪之交的美国人是幸运的,因为在一个大转折的年代里,他们遇到了很有眼光和胆识的改革派总统,也就是第26任总统西奥多·罗斯福和第28任总统伍德罗·威尔逊。他们虽然并不完全认同民间的改革诉求,对于扰攘不安的社会形势更是忧心忡忡,但他们借助自己的权力和影响,顺应社会的大趋势,对联邦政府的政策进行了大刀阔斧的调整,实际上收到了与民间改革派桴鼓相应的效果,使改革之声成为响彻整个美国的时代最强音。

骑兵团长发起冲锋

从1901年到1909年,是西奥多·罗斯福主政白宫的年代。此时正值美国进步主义改革运动走向高潮的时期,这位美西战争中的骑兵团长,以自己独到的政治理念和个性鲜明的施政手段,在政坛独领风骚,变通裕如,把联邦政府带进了改革的中心舞台。

走进哈佛的"小特迪"

1866年夏季,一个风和日丽的下午,阳光照耀在哈德逊河上,泛起粼粼的波光,岸边的草坪上几个孩子正在欢快地游戏,不时发出兴奋的笑闹声。八岁的小特迪隔窗远望,心底生出无限的向往,"米索,我真希望我也能出去和其他儿童一起玩耍"。特迪就是西奥多·罗斯福,而米索是他的爱犬,是父亲送给他的礼物。喜爱游戏是儿童的天性,可是由于自幼患有严重的哮喘,罗斯福却无法像同龄人那样尽情享受户外活动的乐趣。他只能待在室内,与米索为伴。不过,罗斯福很聪明,他不让自己感到孤独寂寞,他为自己找到了游戏之外的乐趣——读书。

罗斯福的家庭是有钱的荷兰人后裔,是当时纽约市数得着的富户,他的父亲是位银行家。别看罗斯福家是一个商贾之家,但却是家学渊源,并不缺乏文化氛围。由于家系久远,家中藏书不少,罗斯福足不出户便能博览群书,这使他养成了嗜读

被父母昵称为"特迪"的少年罗斯福

不倦的习惯,成了一个名副其实的"书虫"。泡在藏书室里的日子使罗斯福获益良多,既增长了知识又开阔了眼界,为其日后在思想和学业上的发展打下了最初的基础。

　　罗斯福虽然幼年多病,却并未因此而荒废学业,这一则是因为其家学渊源,二则也有赖于其父母的精心培养教育。由于健康的原因,罗斯福在进入哈佛之前并未接受过正规的学校教育,他在学校学习的时间累加起来也不过几个月,但是这并不妨碍他所受到的教育的完整性。他的父亲热切地希望儿子既得到基础知识的教导又接受科技革命新观念的灌输。他于是帮助儿子在家中完成其基础教育。除罗斯福的姨妈安妮·布洛克之外,罗斯福的父亲另为他聘请过一位法裔家庭女教师,她们曾经先后为幼年的罗斯福传道授业、启发心智,从她们那里,罗斯福不仅学会了读书识字,还获得了对美国历史与社会的初步了解。人们习惯于称家长为儿童的第一任教师、家庭为儿童的第一所学校。从罗斯福的成长过程看,正是良好的家庭教育为他日后叩开哈佛的校门铺就了坦途。

　　1876年秋季,罗斯福一家终于如愿以偿——他们的特迪顺利考入了位列全美名校榜首的哈佛大学。此时,哈佛大学正在查尔斯·埃里奥特校长的主持下经历着新型的教育体制改革,特别是实行了选修课制度,而罗斯福则有幸成为这种选修课制度的受益者。罗斯福在哈佛大学每日集中精力用功读书,广泛涉猎人类各个领域的知识,在完成了学校规定的主修课程之外,还陆续选修了哲学、修辞学、地质学、动物学、植物学、解剖学、自然史、宪政史以及数门外语,在大学的几年里,罗斯福所读过的书加起来有数百本,这些书使他

罗斯福(后排右一)在哈佛求学时代曾任校报编辑，图为他与其他编辑们的合影

对世界和人生的理解日益加深。哈佛滋养了罗斯福的头脑。

1880年，罗斯福作为优秀毕业生参加了哈佛大学的毕业典礼，为其四年的大学生涯画上了一个圆满的句号。不过，离开了哈佛的罗斯福却并未就此放下手中的书和笔，公务的繁忙和晚年体力与视力的下降都不能令其有所懈怠。他总是手不释卷，且无书不读，远古史诗、古典作品、历史著作、海军战略、生物、政治乃至流行读物无不有所涉猎，阅读之后又多有心得，并非走马观花。据《西奥多·罗斯福的崛起》一书中记述，罗斯福的好友欧文·威斯特曾在某晚借给他一本书，第二天一早他便对该书进行了全面的评论，令威斯特惊讶不已。因为从晚上6点到第二天早上8点半这段时间，除了穿衣、吃饭、接待客人和睡觉，他竟读了一册300

多页的书,并且没有落下其中任何重要的东西。美国历史学家戴维·伯顿对罗斯福的阅读习惯做过如下描绘,"每在工作之余有所闲暇,总统便会转去读书,诸如古典著作和当代作品等等,这些书仅次于他的妻子和家庭,是他最亲密的伙伴"。罗斯福不仅爱读书,还爱写书,自从九岁时写下第一本《昆虫史》起,他就始终笔耕不辍。他不仅爱写时事评论、散文随笔,更专于史学著述,写下了不少有价值的历史著作,用罗斯福自己的话说则是:"总的说来我在这方面做得不错。"罗斯福的主要史学著作包括《1812年海战史》(1882)、《西部的赢得》、他的自然史三部曲:《一个牧场主的狩猎之旅》(1885)、《牧场生活与狩猎足迹》(1888)、《荒野猎人》(1893),以及三部历史人物传记:《奥立弗·克伦威尔的生平》、《托马斯·哈特·本顿传》、《古维诺尔·莫里斯》等。除学术价值外,罗斯福的史学著作最引人关注的特点就是,它们大多与政治紧密相连,对时势具有一定的参考和指导意义,体现了罗斯福对时代的关注。罗斯福生活的时代正是内战后美国社会逐步实现工业化和城市化的时期,科技的进步大大加快了美国西部开发的进程,贯穿东西的铁路大动脉的建成将以往沉寂落后的西部荒原变成了崭新的工业城市,吸引了数以百万计的移民工人接踵而至,美国从大西洋沿岸的狭长地带迅速向西推进,扩展为一个贯通两大洋的泱泱大国。罗斯福审时度势,敏锐地看出西部发展对于美国工业将会发挥的重要作用,并通过对西部历史的研究唤起人们对西部的关注,《西部的赢得》可算是时代的产物。可见,罗斯福的学术研究基于很强的现实功用性,这一点不难从罗斯福的职业选择上得到证明。

依法"转正"

西谚说:"性格定命运。"(Character is fate.)其实人生的命运起起伏伏,又岂能是单单一个性格因素就能左右得了的,还是中国的先贤圣哲们说得更有道理,凡能成就伟业者,非占尽天时、地利、人和不可,而罗斯福就是这样一个幸运的人,知道他是怎么当上总统的吗?先来看看他的生平简历:

西奥多·罗斯福:共和党人,美国第二十六任总统,1858年10月生于纽约州,兄弟姐妹共四人,罗斯福排行第二。1876—1880年就读于哈佛大学,并为优秀生毕业;1880—1881年入哥伦比亚大学法学院研究法律;1882—1884年任纽约州议会议员;1889—1895年任联邦文官委员会委员;1895年5月出任纽约市警察局局长;1897年4月出任海军部次长;1898年当选为纽约州州长;1900年6月被共和党提名为该党副总统候选人;1901年3月至1901年9月任副总统;1901年9月因麦金莱总统遇刺身亡而宣誓继任总统;1905年3月至1909年3月连任总统;1919年1月在纽约病逝,享年60岁。

这张履历表显示,罗斯福走出哈佛校门之日正是美国社会逐步实现工业化、城市化之时,时代背景深刻地影响了他对未来事业的选择,在相当大的程度上划定了他的人生轨迹,他自述:"我几乎就在1880年离开哈佛的同时开始对政治产生了兴趣。"尽管罗斯福在求学期间对政治经济学和历史学两门课程同样喜好,但在其踏出校门步入社会之际,他毅然将自己的人生坐标定位在了政坛之上,因为在他看来,服务于政治乃是"美国公民的第一责任"。1893年,罗斯福曾经在巴法罗自由俱乐部的一次讲话中说道:"每个人必须适当奉献出一部分时间去履行其对社会政治生活的义务,在这个国家里,此乃天经地义。无人有权以任何意愿或事务为借口逃避其对政治的义务。"曾有朋友劝告他打消从政的念头,言道:"政治是一种肮脏的事情,一些政客不够诚实。他们利用政府的钱为自己牟取私利。一个诚实的青年应该远离政治。"罗斯福对此不以为然,他朗然答道:"如果诚实的年轻人都不敢涉足政治,那么我们如何才能有一个诚实的政府?"罗斯福进入哈佛时,总统候选人海斯与蒂尔顿间竞争正酣。罗斯福在繁忙的学业中也不忘抽时间为共和党和海斯呐喊助威。从哈佛毕业后,罗斯福马上就开始追求职业政治家的生涯。他恳请人们投他一票,他承诺,一旦当选政府官员,他将全力以赴,为纽约建设一个"好政府"。说起来,也正像罗斯福自己所言,他的"运气真是好极了",就在毕业短短一年之后他便积极竞选纽约州议会议员,并一举成功。在随后的二十年里,他始终励精图治,锐意进取,历任纽约市市长、海军部次长、纽约州州长、美国副总统,成功地走出了一条通往白宫之路。

俗话说,好事多磨。虽然罗斯福在政坛上平步青云,年纪轻轻就官居高位,但是宦海沉浮在所难免。幸运的是,罗斯福每遇坎坷,事情总能柳暗花明。在任纽约州州长期间,罗斯福与纽约州党魁、该州参议院议员普拉特政见相左,令普拉特每每欲除之而后快。罗斯福在州议会的第一次咨文中便提出了一系列进步主义改革策略,要求议会进行立法,改进内务,关怀劳工的利益,改革税收制度,彻查纽约市坦幕尼厅市政机器,特别是对取得公用事业经营特许权的公司的巨额利润征税。罗斯福的改革主张触犯了以普拉特为代表的政党机器及垄断企业的利益,普拉特决定铲除这块心腹之患。不过,普拉特告诫自己,切不可轻举妄动。因为罗斯福当年在古巴战场上战功赫赫,在民众中赢得了很高的威望,是国民心目中的大英雄,如果莽撞行事,只恐众怒难犯。为了拔掉眼中钉,普拉特终日殚思竭虑。

罗斯福在古巴战场上的那段军旅生涯也是他人生中另一个辉煌的时刻,不仅使美国走上了"大海军"之路,也为罗斯福个人的仕途发展赢得了有利的政治影响。1898年美国与西班牙就古巴问题产生摩擦,当时正担任美国海军部次长的罗斯福属于最坚决的主战派。他声称,为了捍卫自由必须不惜任何代价,必要时还应诉诸武力。正因如此,他特别强调海军的重要性。早在1882年,罗斯福就曾撰写了《1812年海战史》,阐扬美国海军的历史战绩,就是想要唤醒人们关注海军对未来美国海外扩张的作用,加强海军建设,建立一支强大的海军,为美国的海外扩张服务。罗斯福的主张事出有因,因为从当时的时代背景来看,这一时期美国经济实力的不断增强已经导致了国内竞争的日趋激烈和各种社会矛盾的不断尖锐。美国急需向海外输出剩余资本,以便缓和国内矛盾、化解危机,美西矛盾的根源正在于美国自身的这种"内急"。作为海军次长,罗斯福下令打造战舰,加强武器装备,选拔任命精干的将领,养精蓄锐,积极备战。

1896年1月,美国各家报纸纷纷刊载消息,指责西班牙统治者对其属地古巴实行残酷剥削和镇压,激起美国国内极大民愤。美国人之所以如此关心古巴,是因为从地缘上说,它紧邻美国本土的佛罗里达半岛,素与美国有着频繁的贸易往来，有些美国商人甚至干脆利用当地廉价的食糖、烟草等原材料和人力资源在那里直接设厂。然而由于西班牙的残酷统治激起古巴人的激烈反抗，使得古巴一时陷入一片混乱局面，严重损害了美国商人的经济利益。他们希望美国政府插手古巴事件，保护自身利益。为了取得舆论支持，这些商人投资美国各大报刊，授意他们连篇累牍地刊发有利于自己的新闻报道，达到促使美国政府出兵干涉古巴政局的目的。在舆论的宣传鼓动下，向西班牙开战的呼声迅速高涨，美西战争一触即发。正当此时，"缅因号"事件的发生成为引爆美西战争的导火索。1896年2月，停靠在古巴哈瓦那港口的美国战舰"缅因号"被炮弹击沉，两名军官和其他264名士兵丧生。该舰原本是美国总统派发的友好使船，而西班牙方面也曾经对它以礼相待，它的意外遭遇使美国国内的主战情绪达到了白炽化状态，有传言说西班牙战舰已经开赴美国海岸。罗斯福要求总统麦金莱照会西班牙，假如其战舰驶来，将被视为发动战争的行为，他还嘲讽麦金莱没长"脊梁"，是块"巧克力蛋糕"。1898年3月20日，美方调查显示，"缅因号"是被一艘潜艇击沉的。3月28日该调查结果被上报国会，从那时起，"记住'缅因号'！"便成为美国国内复仇的声音。4月21日麦金莱总统在强大的舆论压力之下宣布对西班牙开战。

战争一旦成为事实，罗斯福便出惊人之举。他立即辞去公职，组建"勇猛骑兵"，赴古巴参战。他无法忍受只能坐在办公桌旁等待消息的日子，他要亲临前线，大干一场。就这样，海军次长成了海军上校。幼年的体弱多病促使罗斯福坚持锻炼，练就了强健的体魄，在古巴战场上，罗斯福纵横捭阖，身先士卒，他的骑兵团骁勇善战，无坚不摧。在一次冲锋

罗斯福(中间)率领的"勇猛骑兵",他们头戴宽檐帽,颈系大花方巾,身穿蓝色T恤衫

中,罗斯福不幸腰部中弹,却不下火线,对着士兵高声命令:"我挥动帽子,我们一鼓作气冲过山去!"随后,罗斯福便一马当先,闯入敌人的火力射程之内。战斗结束后,一个美国军官说道:"罗斯福是靠勇气和热情占领了那座山。"美西战争最终以美国的胜利收场,罗斯福和他的"勇猛骑兵"凯旋而归,成为万众瞩目的英雄。

罗斯福头戴"勇猛骑兵"帽、身跨骏马的肖像画

现在回头再来看普拉特,他要想对付深受国人爱戴的战争英雄罗斯福,谈何容易!普拉特在一番大伤脑筋的思量之后,最终设计将罗斯福"踢上楼去",就是让他去当那个有名无实的美国副总统。1900年适逢

美国大选,普拉特利用他在共和党中的实权地位迫使共和党提名罗斯福为副总统候选人,成为麦金莱的竞选伙伴。众所周知,虽然州长职位低于副总统,却握有实权,掌管全州政治经济命脉,而副总统的职位虽然听起来仅在一人之下,但却是位尊权轻,用罗斯福夫人的话说,副总统实际上就是"Mr. Nobody"("一无所是先生")。美国宪法并没有赋予副总统多少实权,只规定在总统死亡或者因健康等原因不能行使行政权力时,副总统才有出头之日。很显然,这样的事情可遇而不可求。罗斯福当然不想接受这份空头荣耀,他希望谋求连任纽约州州长,继续将他的政治理想付诸于对纽约州的治理。1900年2月,他写信向共和党党魁洛奇求助,"我还年轻,我想工作,我不想当个傀儡"。可是对方却劝慰他说,副总统的位置对于日后问鼎白宫而言是一条更好、更安全的途径。最终罗斯福无可奈何地接受了普拉特的安排,他不禁哀叹:"现在,作为州长,我能够做点事情,可是作为副总统,我将一事无成。"普拉特为自己的计谋成功而得意洋洋,对他而言,哪里还有比这样安排罗斯福更合适的办法呢?可是他哪里能够想到,这一回他可是棋错一着。常言道"不怕一万,就怕万一",万一共和党真的当选,又万一总统死于任上,那普拉特可就等于是亲手把自己的死对头送进了白宫。

无论如何,按照常理,1901年麦金莱的成功当选似乎也就意味着罗斯福政治生涯的终结。毕竟,罗斯福丢掉了纽约州州长的宝座,而屈就于位高权低的美国副总统之职。1901年初,麦金莱总统宣誓就职,踌躇满志。罗斯福也曾为此心灰意冷,为了消解心中的块垒,他携妻儿远足登高,到了纽约州内的玛西山。不曾想,峰回路转,天降大任。就在麦金莱

麦金莱总统在纽约布法罗遇刺身亡后,副总统罗斯福(右)匆忙赴任,中间头戴白色礼帽者是麦金莱的亲密顾问马克·汉纳,他对罗斯福成见颇深,私下里称罗斯福为"那个该死的牛仔"

就职半年之后,即遭人暗杀,副总统被紧急召回赴任。

事情发生在那一年的9月6日,那天下午,当时正在度假的罗斯福作为佛蒙特钓鱼与游戏俱乐部的特邀嘉宾与他的崇拜者们握手寒暄,却突然接到来自布法罗的急电:"总统遇刺,乘下一班火车到布法罗"。罗斯福对这一突如其来的消息感到震惊,他立即启程前往布法罗。不过,命运好像是故意同罗斯福开玩笑,次日,当罗斯福匆匆赶到那里时,他又接到报告,说总统已经转危为安。9月10日,来自医生们的报告依然非常乐观,于是罗斯福又返回了度假地,与妻儿团聚。转天清晨,罗斯福与几位好友开始登山。登顶之后,一行人免不了在那里欣赏一番顶峰的美景。12点20分,大家在下山途中坐下来,准备吃午饭。此时,信使急匆匆跑来,神色凝重地将一封电报交到了罗斯福手中,上面写到:"总统似已生命垂危,火速赶回。"落款是陆军部长艾·鲁特。罗斯福星夜兼程,次日下午1时,赶到了布法罗。他的秘书早已等候在那里,他简短地告诉罗斯福:"总统已经去世,大家正在等你。"罗斯福首先慰问了总统的遗孀,接着就立即被送到朋友安斯利·威尔科克斯家中,因为除了国务卿约翰·海和财政部长理曼·盖奇之外,麦金莱内阁的原班人马全都等在那里。按照预先安排,罗斯福在威尔科克斯的寓所宣誓就职。事实上,麦金莱总统在遭遇不测后的五天里一直都徘徊在死亡的边缘。尽管医生们为他尽了最大的努力,但却最终还是回天乏术。到第六天时,麦金莱的伤情急转直下,他自己也意识到大限将至,喃喃自语到:"天意如此",随后便人事不省。9月14日是个周六,那天凌晨2点15分,麦金莱总统在死神手中挣扎了7天之后,终因伤势过重而不治身亡。仿佛真有神助天佑,副总统就这样顺理成章地依法"转正"!罗斯福成为美国第26届总统,也是当时美国历史上最年轻的一位总统,那一天是1901年9月14日,距罗斯福43岁生日还差六个星期。

像罗斯福这样因总统死于任上而问鼎白宫的人此前已有三位,他们无一例外地在继任后立即改弦易辙,彻底改变前总统的人事安排和治国策略,从而招致政府的一片混乱局面。罗斯福比他们聪明,他在宣誓时明确表示将遵循麦金莱总统的遗愿,并诚恳挽留麦金莱总统的全体内阁成员。他向他们保证:"我会缓步前行。"西奥多·罗斯福,这个被妻子深情地唤作"我的第六个孩子",而被仇者讥讽为"青春期少年"的年轻人,仿佛因为重任在肩而突然间长大了,成熟了。

他用自己的承诺换来了联邦政府平稳地度过了新旧行政首脑交替的过渡期,为他日后全面施展政治抱负,扩大总统权力,大力度治理经济问题,整饬政府机构走好了第一步。

"公平之政"

罗斯福上台之后,企业界表面上看来波澜不惊,可是私下里不少人都忧心忡忡,尤其是华尔街那些操纵股票市场和组织托拉斯的大亨们,他们不知道,罗斯福会给美国的经济政策带来怎样的影响。虽然上任伊始,新总统就曾经明确表示他将继续执行前任的政策,但是他们深知罗斯福绝不是一个保守派。曾几何时,身为纽约州州长的罗斯福就开始跟大公司"过不去"。早在1899年,他就曾经迫使州议会批准对各公司所享受的特权实行征税,从而背离了共和党头目们的意愿。想当初,促成罗斯福当选副总统原本是出自纽约州共和党党魁排除异己的初衷,不想却阴差阳错,反而帮着罗斯福登上了总统的宝座。果不其然,罗斯福上台没多久便着手利用现成的《谢尔曼法》开始大规模地起诉大垄断公司。如前所述,19世纪末20世纪初美国大工业的发展加速了生产与资本的集中,在石油、钢铁、铜、铁路等基础工业部门以及烟草、糖、酒等消费品生产行业逐渐出现了垄断现象,少数大公司垄断原材料和价格、恶意竞争,严重扰乱了国家的经济秩序,引起公众的强烈不满。1890年,联邦政府曾在公众的强烈要求下通过了一项反托拉斯的"谢尔曼法",法令宣布以托拉斯或其他类似形式的契约联合,以及以限制州际贸易及对外贸易为目的的秘密协议为违法。但是在垄断资本家的抵制下,司法部门始终无法对这一法令加以认真执行,"谢尔曼法"形同虚设,联邦政府依然无力对大公司加以有效控制,直到罗斯福执政后,才使这一法令"起死回生"。罗斯福在他第一次向国会递交的咨文中,便表明了自己对垄断公司所持的立场。他虽然出言谨慎,但却意志坚决。他说:"美国人民现在有一种普遍的定论,那就是:那些号称托拉斯的大公司,它们活动的某些方面和它们某些发展趋势对于公众利益是有害的……如果发现有从事州际贸易而且持有执照的公司竟然从事违反公益的活动,就应该对它们加以管制。凡是有志于整饬我们社会的人,就应该像倾全力去消灭社会上的暴力犯罪现象那样,去消灭商业界的欺诈罪行。"随后,罗斯福便不动声色地把他在咨文中阐发的观点变成了行动。1901年冬季,他责成司法部长诺克斯对北方证券公司的经营行为进行了调查。在掌握了它的犯罪事实后,于1902年由诺克斯宣布对它提出指控。两年之后,最高法院最终判决解散北方证券公司。虽然这一判决并未伤及该公司的经济利益,但作为与托拉斯第一回合的较量,政府获胜意义非凡。北方证券公司是1901年秋季由摩根财团发起组织的,是他与希尔、哈里曼等大财团的合股公司。北方证券公司成立后不仅控制了美国西部的铁路运输大动脉,而且还采用股票掺"水"的方法严重扰乱国家的经济秩序,它所发行的股票中有1/3都是"清水股"。由于北方证券公司的股东都是那个时代势力最大、声名最显赫的工业巨头,罗斯福向他们开刀,企业界无不为之惶然。1902年,引起公众普遍不满的牛肉托拉斯也在政府的起诉下遭到解散。1903年,在罗斯福支持下司法部成立了反托拉斯局,专门负责执行反托拉斯法,实现了反托拉斯的制度化。在第二任总统职位上,罗斯福政府又陆续起诉了美国烟草公司、杜邦公司、纽黑文铁路公司和美孚石油公司等,使洛克菲勒财团控制的美孚石油公司和烟草托拉斯受到制裁。加强对铁路的管理成为罗斯福政府在第二任内的一个工作重点,1906年,罗斯福运用巧妙的策略使国会通过了《赫伯恩运价法》,扩大了州际商务委员会对铁路运输的控制权力,成功地把铁路系统也置于了联邦政府的掌控之下。罗斯福的举动震惊了全国。他向人们表示,他绝对无意于跟财富或者富有者过不去,他承认企业联合乃是经济发展的必然趋势。但是,为了人民的利益,他必须将大公司置于政府的掌控之下。如果哪些公司胆敢无视公共利益,肆意妄为,政府将有足够的实力来对付它们。虽然罗斯福迟至1910年以后才系统地提出了他的"新国家主义"政治学说,但是实际上国家干预经济的思想乃是他在总统任内一贯奉行的指导原则。追溯罗斯福与托拉斯斗争的历史,无处不体现着一种"大政府"情结。

  罗斯福继任的第二年曾经做过两件意义重大的事情,一件是起诉北方证券公司;另一件则是仲裁煤矿工人的大罢工。罗斯福在对待劳工的问题上,采取了与往届政府截然不同的态度。往届政府在劳资冲突中大多偏袒资方,对劳工采取镇压手段,1894年,联邦政府对普尔曼工人大罢工的处理方法就是一例。在那次事件中,政府不仅派军队武力镇压工人,还将工会领袖定罪系狱。暴力镇压引起了更加广泛和激烈的劳资冲突,致使19世纪末期罢工运动此起彼伏,衍为大潮。罗斯福不愧是一位有头脑的政治家,他富于远见卓识又阅历丰富,这使他身处种种社会矛盾冲突之中而仍能保持清醒的头脑,对局势做出较为正确的分析和判断。他向人们指出,美国社会所面临的两大威胁来自富人的垄断和穷人的骚乱,而这两方面又是相互关联的。他认识到,大财团垄断经济、贿买权利、压榨劳工、欺骗公众,势必会激起下层百姓的不满和反抗。作为有产阶级中的一员,罗斯福认同资本主义,害怕工人组织起来对抗资本主义制度。然而,他的可贵之处在于能够清楚地看到,现代社会的发展已经将全体社会成员联系成了一个相互依存的整体,各阶级之间利益相关,"要么全体上升,要么就一起沉沦"。用他的话说,大家"都坐在一条船上"。所以他认为,现代政府不能只考虑部分社会成员的意愿,而置另一部分人的利益于不顾。当务之急,必须立即进行改革,通过加强政府权力、完善国家立法,使政府摆脱特殊利益集团的控制和影响,自行克服资本主义发展过程中所出现的社会弊病,只有这样才能避免工人因不堪忍受剥削而走向暴力革命。1902年春季,宾夕法尼亚西部无烟煤矿区15万名矿工为要求增加工资和承认工会的合法地位举行罢工,直到秋天,劳资双方一直僵持不下,由于严冬将至,煤荒在即,引起全国空前关注,罗斯福不得已插手此事。他不顾一些舆论谴责他僭越宪法赋予总统的权力,甚至要求弹劾总统的声浪,邀请矿主和矿工代表到白宫共同协商解决办法,又成立了一个仲裁委员会,调解结果令当事双方皆大欢喜。矿主同意部分地增加工人的工资,但并未承认工会的合法地位。这次仲裁的成功开创了政府干预劳资关系的先例,使得政府此后能够名正言顺地插手此类事件。在这一基础上,罗斯福政府逐渐建立起了调整劳资关系的长久机制。他通过改善下层人民的处境、调整劳工政策、加强保护劳工的立法等手段,尽量采用仲裁方式解决劳资争端,从而避免单纯压制劳工所激起的更大反抗，达到缓和阶级矛盾、维护社会稳定的最终目的。人们称他为"托拉斯的克星"和"劳工的朋友"，可他自己却说这叫"公平施政"。他不愿意使人感觉他站在劳资任何一方的立场上，他明确表态，在劳资问题上政府绝对会一碗水端平。他声明"我既不偏袒资本也不向着劳工，我支持诚信反对欺诈，支持爱国反对自私，支持正义反对错误"。

"绿色"总统

在美国西部的北达科他州有一座"西奥多·罗斯福国家公园"，罗斯福继任总统前后曾经两次到那里打猎，观察和研究动植物。该州为了纪念他并表彰他在自然资源保护方面所作的空前贡献，便以他的名字命名了那片土地。

罗斯福天生对动植物怀有浓厚的兴趣。早在孩提时代他就喜欢观察蛇类、蚁类、鼠类等动物的习性，收集蝴蝶、甲壳虫、鸟类等动物标本，还对熊、狮、象等野生动物加以研究。1867年的一天，百老汇大街上出售的一只死海豚曾经强烈地激发了他的兴趣。他如获至宝地把它带回家，兴高采烈地对几位堂兄弟们说："我现在可以开一家博物馆了！"罗斯福做了一块牌匾，上面写着"罗斯福自然历史博物馆"。他还向家人规定，成年人入馆参观每人收费1美分，儿童免费。就这样，年方九岁的罗斯福有模有样地建立了自己的博物馆，专门收集各种动物标本，而他对动植物的研究也自此一发而不可收。有时候，他甚至用家里的冰箱冷藏死老鼠，用浴盆养乌龟。真是功夫不负有心人，一年之内，罗斯福的馆藏竟达到了250件之多。不仅如此，他还写出了一本《昆虫史》，其中涉及蚂蚁、蜘蛛、蜻蜓、瓢虫、萤火虫以及鹰、鱼、蟋蟀等多种动物。虽然就其学术价值而言,若将罗斯福的这一"潜心研究"的成果称为书或者勉强,但它却体现了一个九龄童惊人的观察和分类能力。

学生时代,罗斯福曾立志做一名科学家,将动植物发展史研究作为毕生事业。他为此选修过多门自然科学课程,后来虽然改变初衷,但对自然史的兴趣却有增无减。19世纪80年代中期,他还曾在北达科他州购置牧场,一边关注东部政治形势,一边近距离观察和研究动植物,并同时考察西部历史。他把自己在西部牧牛打猎的经历都一一记录下来,写成了散文随笔,从1884年到1893年,他的自然三部曲:《一个牧场主的狩猎之旅》(1884)、《牧场生活与狩猎行踪》(1888)、《荒野猎人》(1893)相继与读者见面,1910年,他从非洲狩猎归来,便又写出了一部《非洲动物史》。

当上总统之后,罗斯福又与鸟类结下了不解之缘。不知是因为白宫的自然环境太美,还是因为鸟通人性,知道那里有一位热爱动物的总统,反正在罗斯福入主白宫的时代,白宫宽敞的大院里总是有各种鸟类栖息,总统官邸俨然就是一座百鸟园。晨曦暮霭中,罗斯福总喜欢在院子里散散步,听一听鸫鹩的啼唱,或者赏一赏鹅的羽毛。在给在外求学的子女们写信时,他也总忘不了讲一讲白宫里的鸟。三月份他会绘声绘色地告诉孩子们:"鸟已经回来了,不仅有唧唧喳喳的麻雀和知更鸟,还有一只冬天的鸫鹩。紫色的燕雀和长着丛毛的山雀正在花园里啼转……"。百忙之中,罗斯福还会抽出时间给杂志投稿,夸夸他那些长着羽毛的"朋友"是如何的色彩斑斓,美轮美奂。在他第二任期行将结束的时候,罗斯福将他在华盛顿见到过的93种鸟名列成了一个名单,据他说,其中有57种都曾经"造访"过白宫。罗斯福对大自然的兴趣为他成为一个保护自然资源的"绿色"总统埋下了伏笔。不难理解,一个对大自然怀有如此浓厚兴趣的执政者,在自然与环境遭受破坏时会自觉站到自然保护主义者的立场上,使保护自然的思想在他的施政方针中有所体现。

不知道罗斯福算不算得上是美国历史上最爱大自然的总统,但他一定是美国历史上对保护自然资源贡献最大的总统,因为他曾经大力倡导和推动了一场自然资源保护运动。在世界历史上,他第一次将人类零星的保护自然资源的活动上升为以现代科学理念支撑的全面而系统的政府性行为。他在执政期间,曾经先后将2.35亿英亩的各类土地收归国有,建设了51个野生动物保护区、5个国家公园、30项水利工程,还创立了关于自然和历史等方面的18个国家纪念地。

有一则故事,讲的是有人要求一名美国国会议员为了下一代的幸福去给国家的自然资源保护事业尽一份力。"子孙后代给我做过什么呢?"参议员反问道。截至20世纪初,很多美国人对自然资源保护的态度都与这位议员相似。优越的地理位置和丰富的资源蕴藏使当时不少美国人产生了错觉,他们想当然地觉得这片广袤土地上的水、土、林、矿、油都是取之不尽,用之不竭的。每代人都是只顾眼前,不顾未来。私有企业将自身利益凌驾于公众福祉之上,肆意攫取和糟蹋国有资源,而无需为此付出代价。1901年罗斯福继任总统时,美国的原始森林已经被砍去一大半了,轮船以木材为主要燃料,铁路修建、车辆制造、车站建筑等又耗费了大量的木材;除此之外,采矿坑道、市镇建设和商业采伐等也都是使用木材的大户，造成当时美国的林木砍伐量逐年迅速增长。采伐和生产使用过程中的浪费现象也十分严重。不良的放牧行为等也使生长中的林木遭到急剧破坏。西部的森林生态环境竟然恶化到了不足以涵养水土的地步，带来了水土流失、牧场被毁、旱涝灾害频发等一系列的严重后果。野牛、野狼等一些动物被捕杀殆尽，石油、煤炭和天然气等矿产资源也遭到掠夺性的开采。大量的城市生活垃圾、工业废料、废气造成环境污染，直接威胁着人类的健康与生存。对这一切，罗斯福看在眼里，痛在心上。他决定，采取措施保护自然资源，为子孙后代留下一个美丽富饶的家园。

  罗斯福的想法与某些人不谋而合，他们是森林学家吉福德·平肖、水利工程师弗雷德里克·纽厄尔、生态学家乔治·马什、地质学家约翰·鲍威尔、林业学家富兰克林·霍夫、水利专家乔治·马克斯韦尔、博物学家约翰·米尔和人类学家与地质学家 W. J. 麦克吉。他们是罗斯福的朋友，组成了日后罗斯福在保护自然运动中的智囊团。早在19世纪60、70年代，他们便已经逐渐认识到了内战后的全国工业化和西部大开发正在给资源与环境带来的负面影响，开始自发建立民间自然资源保护组织，向公众宣传环境科学思想，并呼吁政府采取强制手段保护自然资源，当时仕途远景尚未明朗的罗斯福也是他们中的一员。1887年，罗斯福曾经与自然科学家乔治·格林内尔共同建立"布恩—克罗克特"俱乐部，并创办刊物《森林与河流》借以倡导保护森林和野生动物。1899年，初任纽约州州长的罗斯福又在给州议会的第一篇年度咨文中提出要严格执行保护森林、动物和鱼类的法律。但是由于职位所限，他和他那些志同道合者们的力量尚不足以影响联邦政府。1901年9月罗斯福继任总统职位使得这些既有远见又有社会责任感的学者们在白宫有了一位有实力的代言人,平肖、纽厄尔等人为此欢欣鼓舞,跃跃欲试。罗斯福刚刚参加完前任的葬礼,他们就忙不迭地给他呈上了他们的造林与垦荒计划。"新总统听得懂我们的话","这是一个天赐的良机",每每忆及往事,森林学家平肖依然显得兴奋不已。

平肖出身于胡格诺派教徒之家,家境殷实,热心公益。1900年,平肖家族曾经资助耶鲁大学建立了林业学院。罗斯福继任总统时,平肖年仅36岁,正处在人生的黄金年代。他身躯高大结实,双目锐利有神,鼻梁挺括,下巴棱角分明,整体看来给人一种凌利逼人的感受。而事实上,他也的确不是一个等闲之辈。他是一位林业专家,时任美国农业部森林处的负责人。他是美国第一代接受过专业训练的林业管理人员,曾在耶鲁大学主修林业学,后又曾赴欧洲深造。既具有专业素质,又不乏工作热情和领导才干。按照当时的政府职能部门的设置,国有林地的管理权分属于农业部的森林处和内政部的土地总署,而其中掌握着决定权的内政部的土地总署是林业管理的外行,无法对森林资源实行集中而有效的管理。平肖很早就看到了美国森林资源管理中的这一弊端并曾提出过要将管理权完全转移到农业部的动议,但因共和党议员的反对而未能实行。

罗斯福与平肖的友谊始于1899年冬季的一天。当时罗斯福正任纽约州州长,曾经多次在不同场合提出保护自然资源的立法主张。平肖慕名造访罗斯福,双方一见如故,彻夜畅谈,就林业问题彼此交换意见,临别前还在拳击场上"高手过招",酣畅淋漓地较量了一番。罗斯福对平肖信任有加,他的继任无疑给了平肖一个大展宏图的千载良机。他从此追随罗斯福左右,坚持了前后长达七年的自然资源保护运动。在罗斯福的坚持下,国会最终批准了林地管理权的转移。1905年2月1日,罗斯福签署了相关法案。他紧接着便将森林处升格为林业局,委任平肖为局长,并授权他逮捕违反林业法规者。平肖也确实不负总统厚望。在他的领导下,森林局成长为一个以林业专家为主体的出色的管理机构,卓有成效地对国有森林实施了管理并广泛地宣传了科学管理林业资源的思想。同年出台的《农业拨款法》又给予了平肖财政大权。根据该法,平肖有权动用土地销售或者国家森林保留地产品销售的收入,用以作为现有森林保留地管理开支或者建立新的保留地。平肖对此感触良多,多年之后他回忆说:"尽管我们对私有林业主除去请求仍然别无他路,但是在国有森林保留地上,我们有了发言权,我们可以决定也的确决定了'这么做','不要那么做'。我们有权力也有义务为了人民的利益保护保留地,而这就意味着得罪西部地区那些最大的私人企业。从那一刻起,就只有斗争、斗争、斗争。"

平肖没有妄言,为了保护美国的自然资源,他和他的同事们曾经在罗斯福的率领下与强大的国会反对派势力打了一场又一场的硬仗。罗斯福曾经反复重申要尽可能地使真正的宅地农、牧场主和小矿业主获得公平使用自然资源的机会,反对工业生产中的资源垄断行为。这样的态度与做法无疑会触犯某些人的利益,招致了那些靠掠夺自然资源发财致富的西部利益集团的强烈反对。经营私有灌溉工程的人把矛头对准了1902年颁布的《纽兰兹法》,牧场主、矿业主、林木业主抗议政府实行森林和矿产的国有化,电力公司则不满于罗斯福多次否决将水利基址赠与私人企业的法案。他们在国会内的代言人对罗斯福的改革举措设置了重重阻力,致使国会在1909年拒绝向全国自然资源保护委员会拨发其急需的两万五千美元活动经费,拒不理睬罗斯福任命的内河航道委员会关于控制河流和河水的建议,反对给予森林局独立的资产。但是,罗斯福在重压之下毫不妥协,反而以一种强势总统的作风毅然推行了他的保护自然资源的政策。

1901年9月,刚刚走马上任的罗斯福还来不及把家搬进白宫总统官邸就立即召见平肖和纽厄尔,他要与他们共商大计,着手制订西部土地开发政策。他们一致认为,西部干旱地区需要建设大型灌溉工程,而这是任何私有企业的财力和人力所无法办到的,因此必须让联邦政府在西部干旱土地灌溉问题上发挥更大的作用。1901年12月3日,罗斯福首次向国会递交国情咨文,他利用这次机会详尽地阐述了他对自然资源保护问题的看法,提出了对自然资源的保护实行全面国家干预的思想。新总统的远见卓识令当时在场的一个人喜不自禁。他就是来自内华达州的国会参议员弗朗西斯·纽兰兹。作为一名西部人,他深知西部地区的出路所在。麦金莱执政时期,西部一些州兴建灌溉工程的计划均因财政原因搁浅。早在那时,他就曾经提议联邦政府设立开垦局,通过出售西部公共土地的做法建立专项基金用以支持灌溉工程的实施。但不幸的是,由于国会某些议员与所涉及的西部矿主、牧场主、木材商、电力公司之间存在着千丝万缕的利害关系,他的提议遭到了无限期的搁置。罗斯福首先敦促参议院对"纽兰兹法案"进行了表决通过。继而又在众议院与持反对意见的资深议员约瑟夫·坎农进行了坚决斗争。1902年6月17日,罗斯福初次尝到了胜利的喜悦,他心情激动地签署了来之不易的《纽兰兹法》。这部农垦法的通过使联邦政府对西部和西南部土地的开发与灌溉工程的管理拥有了法律依据。为了促进西部土地的开发,联邦政府在西部建立了开垦区,并且组建了一个由四百多名各类工程师和专业人员组成的土地开发署,具体负责西部灌溉工程的修建和管理,该法规定,移居开垦区的人在定居五年并耕种一定面积的土地后,只要愿意每年向政府支付20到30美元的灌溉费用即可获得80英亩的土地,政府则利用这笔收入再去兴建新的水利设施,由此形成良性循环。为避免该法在执行过程中产生被人利用的漏洞,罗斯福还于1903年底向西部派出一个公共土地委员会去实地调查土地出售、移民定居和法律实施的真实情况。《纽兰兹法》颁布后西部的可耕地面积逐步扩大,同时政府投资也得以被逐步收回,资金得以周转,新的灌溉系统得以逐步建立。

  罗斯福在森林保护方面的一个重要举措就是建立新的森林保留地。1891年国会曾经通过了一部《森林保留地法》,授权总统可从公共林地中圈设森林保留地。依据此法,往届总统哈里森、克利夫兰和麦金莱总共建立了约五千万英亩保留地。相对于当时美国人砍伐的惊人速度和数量而言,这点保留地实在是杯水车薪。罗斯福执政后,第一年就下令建立15个森林保留地,这一做法遭到国会内反对派的顽固阻挠,致使此项工作长期难有进展。为了阻止总统进一步在西北部地区建立森林保留地,反对派于1907年2月在农业拨款法提案中附加条款,规定:非经国会同意,不得在俄勒冈、华盛顿、爱达荷、蒙大拿、科罗拉多和怀俄明等西部六州开辟新的森林保留地。这些人明白，这次罗斯福别无选择。他要想从国会得到农业部所急需的经费，那就不能否决拨款法案。不过，俗话说魔高一尺，道高一丈。罗斯福胸有成竹。他不动声色地责令平肖对西部即将建立保留地的林地情况进行了仔细研究，写出规划方案报告，然后便利用法令签署前的最后期限，出其不意地下令将7500万英亩的林地划归了国有，这一数字相当于此前所建立的所有的森林保留地面积的总和。等到反对派们醒过味来时，事情已然木已成舟了。

作为一个具有丰富的自然与自然史知识的人，罗斯福比其同时代的大多数人站得更高、看得更远，目光不为短期政绩所限，因此，他致力于自然资源保护，不惜触犯某些垄断集团的即时利益。他的保护自然资源政策从一个侧面体现了他作为知识分子的社会使命感和作为政治家的远见卓识。当有产阶层里的许多人都还陶醉于工业化带来的高度物质繁荣之时，他却先人一步预见到了这种不惜一切代价的繁荣无异于是自我毁灭，他告诫同胞，大自然经历了数亿年的演化才造出了如此壮丽的景观，人类无权任意践踏它。因为"森林资源并不只为这一代人所用，'为人民'一词必须永远既包括生活在现时代的人们也包括尚未出生的人们，否则就不叫实现了民主的理想"。他警醒世人要"为尚未出生的人们"，为国家的长远利益着想，他批评那些只顾眼前利益而破坏性开采资源的短视行为，也谴责那些只顾个人私利而无视国家大局和未来的资本家，他将是否重视保护自然资源视为鉴别爱国主义和公民道德的重要标准。

更了不起的是,罗斯福深谙留与用之间的辩证关系,懂得如何兼顾现在与未来,他倡导保护自然资源实际上也是为了平息社会上日益蓄积的不满情绪,并更加科学合理地利用资源,使自然资源更好地为社会服务、为经济发展服务。按照罗斯福的观点,保护不等于不用,而是要合理使用,避免浪费和无谓地毁坏。1901年12月,他在向国会发表的第一篇总统年度咨文中用了近四分之一的篇幅阐述他保护自然资源的主张,他视森林和水为"美国最根本的内政问题"。他在咨文中说道:"聪明的森林保护不是把森林资源……收回,不让它们充分地为人类的福利服务,而是相反,那就是保证更可靠的资源供给。林业的基本观念是森林的永久使用。森林保护本身不是目的;而是要增强我们国家及其工业赖以存在的持久性。"罗斯福对由于资源分配不公和资源浪费所引起的社会问题有着清醒的认识,为此,他将整个国家的共同利益和全体人民的福祉规定为自然资源保护的最高目标与准则。他宣称,"划建保留林地应该永远都是为了我们全体人民的使用和利益,而不是少数人贪婪的牺牲品"。他进一步声明,"本届政府从一开始应该毫无怀疑地阐明它追求这一政策的目的就是为了最广泛的公共利益"。罗斯福在自然资源保护方面所作的贡献使他成为美国环保史上的一位里程碑式的人物。美国人民应该世世代代记住他们的第26任总统西奥多·罗斯福。

小城奥萨瓦托米

在美国西部堪萨斯州有一个面积不大的小城,名叫奥萨瓦托米。虽然这个名字不像纽约、费城、华盛顿等美国大城市那么响亮,但是熟悉美国历史的人都知道,那里曾经发生过一件永载史册的大事。不用说,这件事一定与罗斯福有关。

1904年,罗斯福在其第二任期竞选成功之际原本声明,他将不在1908年谋求竞选连任。卸任之际,他还亲自为共和党选好了接班人,并对朋友们表示一俟任期结束,他绝不再参加任何政治活动。离任之后,罗斯福践履前言,远赴非洲,遍游欧陆,远远地离开了昔日的政治舞台。然而,1910年6月,当他回到美国时却发现共和党内部早已一片混乱,身为总统的威廉·塔夫脱声望骤降,任人唯才的罗斯福对自己亲手选定的接班人深感失望,塔夫脱的保守和无能促令罗斯福决心重返白宫。为此,他再次抖擞精神,开始了巡回西部的演说活动。

一幅取名"戴皇冠的王子"的漫画,描绘的是罗斯福如愿以偿地将总统职位交给了塔夫脱

1910年9月2日,罗斯福以他在堪萨斯小城奥萨瓦托米的一场精彩演说而重新进入美国公众的政治视野。在这次演说中,他首次使用了"新国家主义"一词来阐述他的政治主张。他认为,为了平息当时美国社会混乱而动荡的局面,谋求社会的进步,需要为美国建立一种基于真正的

社会正义之上的新社会秩序,而这种新社会秩序则要借助于一种"新国家主义"才能实现。他将"民有政府"、"机会均等"、"国家效率"、"国家立法"、"人民福祉"等思想归结到"新国家主义"的概念之下。他向人民解释,所谓"新国家主义"就是要"将国家需要置于派系或个别人利益之前。它不容地方议会企图将国家问题作为地方问题处理所引起的天下大乱局面,更不容政府权力分工过细造成的瘫痪状态。这种状态使财力雄厚的利益集团得以借助地方私利或法律花招令国家活动无法开展"。简单地说,"新国家主义"意味着一个堪与不法利益集团作战、"打击特权"、使"人人都有公平机会"、谋求"人民的福利"的更加强大、更加有力的"大政府"。1912年,罗斯福作为进步党的候选人参加总统大选,他高举"新国家主义"的旗帜,提出了实行总统预选、给予妇女选举权、建立创制权和复决权制、普选参议员、保护自然资源、限制女工的最低工资、限制使用童工、实行工人补偿法、建立社会保险制度、设立由专家组成的联邦委员会负责调整关税和管理州际工商业、推进社会正义、由人民治理国家、讲究国家效率等各项主张,从而将进步党的竞选纲领阐发成了一个具有进步主义思想的改革宪章。虽然罗斯福最终未能在那次大选中取胜,但是他代表共和党改革派提出的"新国家主义"政治思想却成为这次大选的最有价值的政治遗产。

虽然历史已经将"新国家主义"这个词永远地与罗斯福的名字联系在了一起,可是事实上,罗斯福本人并非是它的创造者,要弄清是谁发明了这个词,而罗斯福又是如何将它应用到了这么重要的演说之中,那就还得提到另一个人,那位《美国生活的希望》的作者——赫伯特·克罗利。如前所述,1909年,克罗利出版了他的《美国生活的希望》。他在书中对罗斯福总统的国内政策推崇有加,他赞成罗斯福的"大政府"思路,指出对于当时的美国而言,改革已是大势所趋,而改革的关键则正如罗斯福的主张,就在于扩大政府职能,加强政府干预经济和社会生活的权利。克罗利将罗斯福的治国思想归纳为"新国家主义",这使罗斯福感到非常高兴,他欣然采纳了这一称谓,并请克罗利为他起草了奥萨瓦托米演说的初稿。可见,"新国家主义"政治哲学的诞生还有克罗利的一份功劳。

大学校长入主白宫

与23岁即当选为纽约州议会议员,42岁便入主白宫的西奥多·罗斯福总统相比,威尔逊总统可谓是大器晚成。不过,他却是美国总统史上"学而优则仕"的典型,因为至其当政时为止,他是唯一获得博士学位的美国总统,也是美国总统中著述最多、在学术界影响最大的一个。迄今为止,他依然被公认为美国学术地位最高的一位国家行政首脑。威尔逊的学术背景成为他宝贵的政治资本。

志存高远

美国南部弗吉尼亚州风光旖旎,气候宜人,素以"盛产"总统著称,人称"总统之母"。真是一方水土养一方人,在美国历史上曾经先后有八位总统都出自这方沃土,他们依次为乔治·华盛顿、托马斯·杰斐逊、詹姆斯·麦迪逊、詹姆斯·门罗、威廉·哈里森、约翰·泰勒、扎卡里·泰勒,而威尔逊就是那第八位。

1856年12月28日子夜时分,在弗吉尼亚州斯道恩敦镇的一户人家,一个男婴呱呱坠地,父母为他取名叫托马斯·伍德罗·威尔逊,小名"托米"。威尔逊夫妇这次真的是喜得"贵子",因为襁褓中的小"托米",日后长大成人,就是那位叱咤风云的美国第28任总统伍德罗·威尔逊。

人称"总统之母"的美国弗吉尼亚州

不过,在威尔逊家族中,亲友们当时却无论如何也想不到小"托米"将来会是一个大人物。因为从天赋条件上说,他不仅算不上天资聪颖,甚至可以说反应迟钝。虽然威尔逊的父亲一直望子成龙,对他谆谆教导,但是,威尔逊在接受启蒙教育阶段表现并不出色。他直到九岁时才学会写字,直到十一二岁时才开始能够阅读。亲友们都觉得"这孩子不大聪明",对他并不抱什么希望。他们认为他患有严重的"阅读障碍症",连他本人都承认自己"是世界上阅读最慢的人"。婚后威尔逊曾对妻子说过,他"在智力发展方面总是很慢"。然而,后来的美国历史却让人们看到,就是这样一个在一般人眼中天分不高的孩子,却在未来的几十年中平步青云,先后成为普林斯顿大学的改革派校长、新泽西州的进步主义当家人,直至问鼎白宫的总统宝座。

是什么力量促成了这种戏剧性的转变？传说世上有一把神奇的金钥匙，能够开启人类的智慧之门。但传说毕竟是传说，不过是人类一个美好的愿景。威尔逊的成功当然不是因为他找到了那把金钥匙，而是得益于他们父子两代人的执著和努力。

先从威尔逊的父亲说起。约瑟夫·威尔逊乃是一名长老会教徒，在当地一所学院当过四年的化学和自然科学教授，后来又做了长老会教堂的牧师。约瑟夫从不为儿子所表现出的天资不足而灰心，他希望自己的儿子能够子承父业，成为一名出色的长老会牧师。在家中，他悉心指导儿子读书，对儿子进行严格的训练，帮助他提高写作与口头表达能力。他要求威尔逊每天早晚诵读《圣经》，和家人一起进行祈祷。此外，他还专门为威尔逊讲解《圣经》和教义，并教导幼子要认真、独立、坚定而目标明确，思想上要专一，语言上要语出中的，切忌含混其词。威尔逊每周最期盼的时间是周日下午，因为那是他与父亲的"法定"谈心日。读书心得、伟人伟业和科学问题无不在他们的谈论范围之内。父亲告诉他："假如你不能用最简洁、最富表达力的语言阐述一个主题，那你就根本没有了解它。"父亲帮助威尔逊培养了良好的学习习惯和思维方式。

再说威尔逊自己。美国有句谚语：The boy was father to the man. 大致相当于中国人常说的：三岁见大，五岁见老。顾名思义，就是说，从一个人孩提时代的言行举止，往往能够推断出其成年后的为人处世方式和自身发展前景。把这句谚语用在威尔逊身上，应该是再合适不过了。

威尔逊自幼便有着强烈的政治抱负,因此他的游戏总是带有"政治色彩"。"林肯当选了,要打仗了!"南北战争爆发时,威尔逊年仅五岁。当时他听到街上有人这样大喊,他还看到南部的军队在李将军的率领下开赴前线。这就是他对政治最早的记忆。这场战争给威尔逊的影响究竟有多大,似乎不好判断。但是,自此之后,骑马打仗竟成了他在孩提时代最喜爱的游戏。有一天,他在游戏中用箭射中了姨表妹杰希·伯恩兹,杰希从树上摔了下来,所幸并无大碍,但是威尔逊却大叫:"我杀人了;这不是意外;我杀了她。"1865年,当内战结束时,威尔逊刚满九岁,该是一个男孩子不谙世事,一心贪玩的年纪。可是,他却对内战时家乡的情景记忆深刻,内战结束后的弗吉尼亚哀鸿遍野,满目疮痍,童年的威尔逊已经懂得用他的眼睛关注国家大事了。威尔逊特别崇拜那些统领军队的领袖们,他能体察他们的甘苦,也分外钦佩他们的坚忍不拔和献身理想的精神。1909年1月19日,威尔逊曾经在南卡罗莱纳大学发表演说,他在演说中回忆童年时代曾经站在李将军的身旁,满怀崇敬地仰视伟人之面。一个小小九龄童,心里倒怀着领袖梦。

还有一个小故事,也很说明问题。十几岁时,威尔逊曾经和玩伴一起打棒球,并成立了一个"欣足俱乐部"。与众不同的是,这个俱乐部并不是一个单纯的运动型组织,同时也是一个辩论协会。威尔逊当时已经对议会程序深得要领,并将其援引到了俱乐部的活动日程之中,他还为自己印制了名片,自封"伍德罗·威尔逊,弗吉尼亚州参议员"。

威尔逊志存高远,为了日后能够跻身政界,他辗转于几所高等学府,开始了他长达13年的求学生涯。

1873年,17岁的威尔逊带着自己的从政之梦进入了北卡罗莱纳州的戴维森学院。之所以选择这所学校,一来因为它是一所长老会大学,威尔逊的父亲是它的理事;二来因为那里拥有很好的师资力量,一些享誉南方的学者和军官都供职于此,最令威尔逊崇拜的李将军内战后也成了这里的教师。在这所学校学习期间,威尔逊开始对演说发生兴趣,并对英国政治家威廉·格莱斯顿崇拜得五体投地,因为格莱斯顿乃是当时最出色的英国议会辩论家之一,从1868年到1894年,他曾三度担任英国首相。威尔逊曾经把格莱斯顿的照片高悬在其书桌上方的墙壁上,并满怀崇敬之情地告诉自己的堂弟:"这是格莱斯顿,是世界上最伟大的政治家。""我也要成为像他一样的政治家。"威尔逊加入了学校的文学协会,并担任协会秘书。他的辩论和写作能力在班级里首屈一指。他为人处事的方式也初步显示出了一种强大的人格魅力,在同学中享有很高的威望。据他当年的同窗戴维·梅本博士回忆说:"他总是与我为友,与戴维森的所有同学为友。在白宫,他很愿意谈论与戴维森同窗在一起时的流年旧事。在学校时,他17岁,是一个英俊、优雅的青年,学习成绩优异,还是一个运动员。作为一个棒球游击手,他身手灵活。我记得有一次我在比赛中接一个快球时弄断了两根手指,他第一个跑到我身边帮助我。""他那时很帅气,赢得了许多女生的青睐。她们总是在球场上为他加油。"

不过,威尔逊在戴维森学院仅仅学习了半年便因为健康原因不得不中途退学,此后在家休养了一年时间。父母为他聘请了一位优秀的家庭教师,约瑟夫·拉塞尔夫人。拉塞尔夫人的任务是辅导威尔逊学习拉丁语和希腊语,以便日后威尔逊能够顺利通过普林斯顿大学的入学考试。可是,她却发现威尔逊对政治的兴趣远远超出了希腊语。她向他断言:"总有一天,你会成为美利坚合众国的总统。"虽然拉塞尔夫人未能在有生之年亲眼见到自己的爱徒踏进白宫之门,但是她先知先觉的本事当真令人叹服。

史迪芬·怀斯博士在他的自传里记载过这样一件事情:一次,史迪芬问威尔逊总统:"你初次产生想当总统的念头或者说第一次梦想成为总统是在什么时候?"威尔逊朗然告之,自从1874年他离开戴维森学院时起,他就无时不期待着成为总统,无时不在为此做着准备。1875年9月,普林斯顿大学在南部选拔了20名学生入校深造,而威尔逊有幸成为其中之一。不过,入校之后,威尔逊的学习成绩并不非常出色,毕业时,在全班122名学生中,威尔逊名列第41位。不过这并不意味着他没有刻苦学习,只不过,他把主要精力投入到了研究政治上,而并不特别在意成绩的高下。他更喜欢人文科学,对自然科学兴趣不大。他的同窗罗伯特·布里兹曾经说道:"威尔逊非常明白他想要什么,而且也非常明白哪一部分课程能够助他成功。"他的另一位好友戴维医生也曾经忆及威尔逊当年在普林斯顿的情景,戴维说:"他致力于对国家发展的研究,并不在意学校的分数,他本可以轻取高分。"威尔逊一到学校,就直奔图书馆,开始如饥似渴地阅读政治经济学文章、专著和政府文献,从中追索自由政府的历史进程。他不断撰文探讨政府理应如何对公共要求做出回应,如何改进大众福利等问题。最终,他从英国的议会政治中受到启发,开始致力于对美国政府问题的研究。其结果,他在上大学三年级的时候撰写了一篇论文,定名为"美国的内阁政府",其核心内容就是主张在美国国会中采用辩论的方法选拔贤能,减少党派影响,恢复政治的尊严。1879年,他将此文加以修改和扩展,发表在由亨利·洛奇担任主编的《国际评论》8月号上。该文显露出了威尔逊独立的政治见解,他没有像当时政论者们流行的做法那样,动辄从成年男子普选权问题入手批判所有的政治弊端,而是在将美、英两国的普选权问题加以对比后指出,不能总把普选一事当作国家所有不幸的"替罪羊",问题可能出在其他方面。他对美国国会中的委员会制度进行了批判,认为这些机构所持权力过大,主张改进国会的议事程序。他还在文中提出了诸如美国应该仿效英国的做法,通过国会遴选和委任内阁成员等政治主张。

1876年6月,当代表美国南部势力的民主党总统候选人蒂尔登和代表北部势力的共和党总统候选人海斯之间拉开竞选阵势的时候,年轻的威尔逊正在应付普林斯顿大学的期末大考,按道理本该全力备考的威尔逊却投入极大的热情关注和思考总统竞选问题。从其当时的日记中可以发现,从6月16日起,威尔逊一直在通过新闻报道关注着两位总统候选人的较量高下和舆论的动向,即使是6月19日的几何课程考试也没能使他忘记阅读《美利坚合众国》上的文章,阅毕更没有忘记评上一句:"普选乃是这个国家一切罪恶的根基。"

威尔逊在学校的各种学生活动中表现活跃,参加合唱队、运动委员会、棒球协会。不过,图书馆始终是他最钟爱的场所,辩论则是他最热爱的娱乐活动。同学们虽然戏说他卖弄学问,但是依然对他崇拜有加,乐于同他做朋友。威尔逊认为,要成为一位杰出的政治家,必须先做一名优秀的作家和演说家。为此,他不仅积极推动了"自由辩论俱乐部"的成立,还在四年级时当上了校刊的主编,凭借此刊倡导体育运动,讨论学校课程设置;在学校的各种辩论会中人们也总是能够发现他的身影,他将辩论赞为"医治国家政治弊端的一服良方",而自己则俨然成了一位"校园领袖"。他加入了"辉格讲堂",并逐渐成为该辩论协会中的一名重量级的辩手。在一次有奖辩论赛中,当抽签结果决定他为保护性关税政策做辩护时,他毅然弃权而去,显示出了一个政治家所应有的立场和原则性。

威尔逊去世之后,他的普林斯顿校友们曾对他做出了如下的评价:

他的特点是衣着朴素,生活节俭,与品学兼优者结交。他风趣幽默,重情重义,广受爱戴。他天性民主,丝毫不为金钱和社会地位所动。他是校刊的编辑,好写幽默文章。他在政治经济学、美国历史、政府理论、美国宪法解释等方面既能言善辩,又文采飞扬。

从普林斯顿大学毕业后,威尔逊念念不忘的还是政治。首先,他把自己的名字从托马斯·伍德罗·威尔逊简化为伍德罗·威尔逊,原因是多数美国总统都只有单名,没有复名。当年,克利夫兰总统就曾经将史迪芬·格罗弗·克利夫兰的全名简化为格罗弗·克利夫兰。为了能够跻身政界,威尔逊又两次重返校园。1879年,威尔逊前脚一出普林斯顿的校门,后脚就迈进了弗吉尼亚大学的法学系。选择弗吉尼亚大学是因为那里当时拥有南方最好的法学院。在弗吉尼亚校园,威尔逊一如既往,活跃于各项文体活动之中。他很快便成为校刊的优秀撰稿人,还加入了杰斐逊文学社,兼任秘书之职,又很快成为弗吉尼亚大学的最佳辩手之一。1880年4

月2日,弗吉尼亚大学举办辩论赛,威尔逊以绝对实力拔得头筹。在毕业典礼上,威尔逊的发言给当时的得克萨斯州州长哈伯德留下了深刻的印象,他预言,这个年轻人的名字将被载入史册。

1882年5月,威尔逊取得了律师开业资格,并与友人合伙在亚特兰大开办了一家律师事务所。这样做倒并非因为他对法律感兴趣,而是因为他希望法律能够带他走入政界。1885年他曾对未婚妻艾伦·阿克森说过:"我向往的职业是政治,而我为此选择法律。我之所以从业于法律,是因为我觉得它能带我走入政界。这在以往乃是通途,国会中至今还充斥着律师。"可惜事与愿违。由于他专心写作《国会政体:美国政治研究》第一章,不理业务,他的事务所开业后很少有人问津,18个月中他既不曾出庭辩护也不曾做过法律咨询,要说有所收获,那就是他完成了书稿第一章的写作工作。

经过这次创业的失败威尔逊认识到:"在律师界无法实现我的雄心,政界的道路要从教育界进入。"为此,1883年他又进入约翰·霍普金斯大学学习历史和政治经济学,师从理查德·伊利、赫伯特·亚当斯等著名学者。1886年6月,威尔逊获得了哲学博士学位,其毕业论文便是那篇著名的《国会政体:美国政治研究》。这篇论文堪称是美国政治经济学领域里的开先河之作,至今仍然享有权威地位。威尔逊在文中指出,美国国会政体的失败之处在于它缺乏目标、责任和行动。通过对英美两国政治体制的对比和分析,他指出美国的出路所在是要建立责任制内阁政府。正是因为这篇论文,他开始引起学术与政治两个领域人士对他的关注。他的导师巴克斯特·亚当斯尤其对他另眼相看,赞称"威尔逊在国家政府方面的研究处于领先水平"。

约翰·霍普金斯大学已是威尔逊在八年中所进的第三所大学。从威尔逊16岁那年进入戴维森学院算起,到他29岁从约翰·霍普金斯大学获得博士学位为止,威尔逊一共接受了13年的高等教育。这不仅为他打下了坚实的学术研究功底,也使他从对政治的研究中掌握了治理国家的本领。丰富的学养和演说能力也在他日后的仕途中派上了用场。1912年大选期间,他曾在全国各种场合成功地发表过不计其数的各类演说,并最终成就了那些彪炳史册的"新自由"总统竞选系列演说。

从平民到州长

1886年获得了博士学位的威尔逊到宾夕法尼亚州布林·马尔学院担任历史学和政治学教授。此前他曾试图重回母校普林斯顿大学任教或者到国务院供职,但均未能如愿。1887年他又谋求助理国务卿的职务,却再次碰壁。1888年,万般无奈之下,他接受了康涅狄格州韦斯利安大学的聘书,到那里继续教授政治学和历史学。直到1890年时,威尔逊才时来运转。这一年,他被聘为普林斯顿大学教授,主讲政治经济学和法理学。

此番重返普林斯顿乃是威尔逊人生路上的一次重大转折,因为这不仅使他得到了一个良好的理论研究环境,从而能够继续致力于他对美国国家领导权以及英国政治体制的研究,更重要的是,在他苦心孤诣多年之后,普林斯顿终于给了他一个出头之日。可能连威尔逊自己也没有想到,有朝一日他能够当上这所著名学府的一校之长。

事情的原委还要从前任校长弗朗西斯·帕顿博士的被迫辞职说起。普林斯顿大学的前身是新泽西学院,原本是一个有着百年历史的乡村教派学院,课程设置以神学理论为主,在自然科学的课程设置和研究方面力量都相当薄弱。1896年,当整个美国都在飞奔的工业化步伐带动下向着现代社会跃进的时候,新泽西学院也乘其150周年校庆之际正式更名为普林斯顿大学。然而,这座古老的乡村教派学院要想跻身于哈佛、耶鲁、约翰·霍普金斯、芝加哥等名校之列,跟上美国现代高等教育的步伐,仅仅换一个名字当然是不够的,它需要的是一次脱胎换骨的大手术。为了学校的发展,大多数教师和校董都认为改革势在必行,改革派当中也包括威尔逊。但是,身为长老会教派的牧师,帕顿校长却对学校的世俗化改革持抵制态度,1902年6月,他在一片改革的呼声中被迫辞职。于威尔逊而言,这不啻为天赐良机,因为他执教以来的表现和所获得的人气注定了他是这一职位的不二人选。最终,在普林斯顿大学董事会的一致推举下,威尔逊顺理成章地成为普林斯顿的新任校长。随着他的继任,普林斯顿的大权有史以来第一次被交到了一位非神职人员的手中。

大学校长虽然并非政治头衔,但是这次当选还是令威尔逊倍感欣慰。他在给妻子艾伦的信中写道:"我发现我被选为大学校长对我非常有利。它安排了我的前途,赋予了我一种职位感,给予了我一个确实的、有实质意义的工作,扫除了我精神上的那种思绪不宁与不知所终的感觉。"威尔逊的心绪得以平静下来是因为,在自己为远大的抱负进行了多年的苦苦求索之后,终于在校长的位置上得到了一个机会,这个机会能够帮助他将自己的政治理念付诸于社会实践,他是把普林斯顿大学当成了他实现其政治梦想的舞台。威尔逊就职演说的题目为"大学与政府的关系",他在演说中大谈学校对国家的义务及其对民族的责任,他指出,大学对国家负有不可推卸的责任,理应为国家培养人格健全、学术过硬、堪当领导大任的合格青年。不难理解,时年44岁的威尔逊正感到重任在肩,踌躇满志。他告诉爱妻,他在起草新校长就职演说时,感觉"就仿佛是一位新首相正在准备他要向选民们发表的演说"。威尔逊的就职典礼盛况空前,到场的贵宾中除了前美国总统格罗弗·克利夫兰之外,还有华尔街巨富约翰·摩根以及为他此次升迁帮了大忙的摩根财团的乔治·哈维(他是摩根财团控制的哈泼斯兄弟出版公司的董事长、《哈泼斯周报》的

威尔逊(中)出任普林斯顿大学校长的就职典礼,他的左边是钢铁大王安德鲁·卡内基

主编)。他们从此成为威尔逊政治生涯中的贵人,借助他们的帮助,威尔逊此后一直官运亨通。

这次就职典礼,不仅是威尔逊人生道路上的一个重大转折点,也是普林斯顿校史上的一座里程碑,因为,它揭开了普林斯顿从新教神学圣地转变为现代科学殿堂的新篇章。作为普林斯顿大学的首位非神职人员出身的校长,威尔逊表示他要带领普林斯顿的师生们走向辉煌,"要在普林斯顿创造一个真正的大学"。

"我已经向学校当局表明,我不要做一个乡村俱乐部的校长。要么是普林斯顿必须成为一个教育机构,要么就是我将去职。"上任伊始,威尔逊便以一种强势的领导作风大张旗鼓地开始推行他的三大教育改革措施:推行"导师制度"、实施"生活区计划"和反对"研究生院方案"。

普林斯顿大学在传统上是一所保守的宗教学校,师生间的接触原本仅限于课堂上的授受关系,学校对学生课堂之外的行为和思想都知之甚少。为加强师生间的沟通和了解,威尔逊于1905年招募了50名思维敏捷的年轻教师,分住到各学生宿舍,开始推行他的"导师制度"。这一举措打破了往日的师生分离状况,使他们相互间在课余有机会进行直接交流。

为配合导师制的有效实行,1907年威尔逊又仿照英国牛津大学和剑桥大学的做法,把全校学生划入若干个生活区。这就是所谓的"生活区计划"。这一计划使四个年级的学生混合居住,年轻教员也入住其中,既有利于师生交流,又可以培养学生的民主平等意识。在1880年前后,随着许多富家子弟的入学,校园里逐渐出现了一些由富家子弟们组成的

"爱维俱乐部"。这种组织说白了就是"吃喝玩乐俱乐部",带有浓厚的特权阶级色彩和宗派团体性质,在学生中助长了社交风气和物质生活攀比意识,分散了他们的学习精力,消减了他们追求学业进步的动力,严重毒害了校园风气。威尔逊对此深感忧虑,他指出,"生活区计划"就是要进一步加速校园学术生活的发展成熟,而那些俱乐部却正是"拦路虎"。威尔逊希望"生活区计划"能使那些富家子弟受到民主思想的熏陶,消除其思想意识中的拜金倾向。只有这样,等到将来他们继承父辈的财富时,他们才能够自觉服务于国家,才能使国家免于陷入财阀统治之中的危险。

担任普林斯顿大学校长时的威尔逊

遗憾的是,"生活区计划"一经提出便立即招致了普林斯顿校友和元老级教授们的极力反对,其中甚至包括威尔逊的挚友,哲学教授约翰·赫本。考虑到校友们的激烈反应及其对学校财政收入的影响,原本对"生活区计划"持赞成态度的学校董事会也一改初衷,要求威尔逊撤销这一计划。董事会主席泰勒·派恩公开声明,假如校长一定要继续追求"这种绝对乌托邦计划",那么他就将停止对学校的个人捐款。

一时间山重水复,威尔逊举步维艰。不过,真正促使他离开普林斯顿大学的则是另一件事。

早在1900年,学校各方便已经在建立研究生院的问题上达成一致,大家均认为,研究生院的发展是把普林斯顿建成一流大学的必要条件。但是,争议在于研究生院的地址要选在哪里。威尔逊就任后在给校友们的第一次演说中曾经描绘了他美好的校园梦想,他要在校园中建一座漂亮的方形院落,由建筑物环抱而成,让研究生们居于其中,让本科生们艳羡不已,既而发奋努力。不过被任命为普林斯顿大学研究生院院长的安德鲁·威斯特却有着他自己的计划。作为研究生院的第一把手,他打算摆脱威尔逊的控制,另立王国。他成功地劝说辛辛那提"香皂大王"威廉·普罗克特为建设研究生院捐赠50万美元,条件是地址要选在离普大校园一英里之外的某处。学校董事会以微弱多数同意接受此项附带条件的捐款,但威尔逊却强烈反对,他声明:"我不能接受这些捐赠,它们的捐赠条件把学校的教育决策权从校董们和教师们的手中拿走送给了那些出钱的人。"他指出真正的问题不在于选址,而在于普罗克特支持了威斯特的研究生院理想,而威斯特自己的一厢情愿却并非是整个普林斯顿大学的理想。他说:"假如我们将普林斯顿用于任何个人目的,我们将永远受到公众舆论与自身良知的谴责。"他对好友派恩解释,这并不是一个简单的选址问题,而是一个对学校的控制权问题。普罗克特的捐赠条件等于是"使学校的领导权脱离了我手",当真如此,威尔逊表示他唯有辞职。围绕"研究生院方案",校董事会分裂成了两派,多数人支持威尔逊,威斯特处于下风,经过几番较量,似乎双方胜负已有定数,普罗克特于1910年2月宣布撤回捐款计划。而就在此时，另一笔款项的到来却让事件的结局发生了戏剧性的变化。1910年5月，大资本家伊萨克·万安去世，去世前指定将其巨额遗产用于为普林斯顿建立研究院，并指定由威斯特任遗嘱执行人。至此，威尔逊意识到自己败局已定，用他的话说，"因为钱的声音比我的声音更响亮"。于是，他果断地决定急流勇退，就此辞职。威尔逊潇潇洒洒地离开了他工作了20年的普大校园，他临行前乐观预言，摆在他面前的是政治上的大好时机。

　　威尔逊并没有吹牛，因为他在普林斯顿所进行的教育改革早已使他闻名遐迩。他不仅赢得了全国的民意，也收获了新泽西州民主党实力派人物如前国会参议员约翰·史密斯、《哈泼斯周报》主编乔治·哈维、泽西市"城市老板"鲍勃·戴维斯等人的青睐。在新泽西州，民主党在野已久，他们急于物色到一位有实力的候选人，他们看中的是威尔逊在普林斯顿内外的声望。在当时的年代，职业政客和政党机器声名狼藉，已无公信力可谈。相对而言，学识渊博又无从政经历的知名学者则更加容易取得公众的好感。四年前，纽约州共和党人因为急于摆脱丑闻的负面影响，曾经成功地推出了一位学养深厚的律师查尔斯·伊文思·休斯。威尔逊的学术背景同样使他成为最有可能当选的一个。曾有人问过戴维斯他是否认为威尔逊能够成为一位优秀的州长，戴维斯答道："我怎么知道他是否会成为一个好州长，我就知道他会是一个好候选人，我只关心这一点。"《哈泼斯周报》主编乔治·哈维看中的是威尔逊的学识和辩才，他对威尔逊在普林斯顿大学的就职讲话记忆深刻。早在1906年，他就曾向民主党举荐威尔逊为该党的总统候选人。1910年,他又鼓动威尔逊参加新泽西的州长竞选。威尔逊心中深为所动,跃跃欲试。但是,他声明,竞选州长"仅仅是1912年提名我为总统候选人计划的第一步"。1910年9月,威尔逊被提名为新泽西州民主党州长候选人,他首先在泽西市发表公开演说,以此拉开了其竞选活动的序幕。出人预料的是,在这次竞选中,素以辩才闻名的威尔逊却并没有为讲演刻意打磨文字,而总是以风趣朴实的语言风格和平易近人的公众形象示人。其间,他最爱引用的一个比喻就是一个爱尔兰人挖地窖的故事:一个爱尔兰人挖地窖,有人问他在做什么,他回答说:"我在释放黑暗。"威尔逊告诉新泽西民众,他也将为新泽西政治"释放黑暗"。1910年11月,在新泽西民主党阵营的大力扶持之下,威尔逊战胜了共和党的州长候选人乔治·雷科德,成为新泽西新一任州长,同时也朝着白宫又迈进了一大步。

威尔逊就任之后再次拿出了他的改革精神,大力整饬州政,与州内的党魁势力进行了坚决的斗争,对选举制度、教育制度、公用事业经营和城市管理等问题进行了全面改革,为自己塑造了一个进步的、自由主义的政治家形象。

威尔逊初涉政坛就身当要职,因此他花大力气治理政务也是常理之中的。不过颇令众人意想不到的是,威尔逊竟将第一把火引向了他的大恩人,著名的新泽西州民主党党魁詹姆斯·史密斯。史密斯乃是力挺威尔逊当选州长最重要的幕后人物之一,他在竞选中的功劳可圈可点。作为功臣,史密斯要求威尔逊支持其竞选参议员。当时新泽西州是采用初选制来确定参议员候选人的资格,而在当年的初选中,共和党的詹姆斯·马丁获得了73000张选票中的54000张,以绝对优势成为唯一的候选人。史密斯要求威尔逊撤换马丁,威尔逊不仅一口回绝,而且还对其进行了公开的谴责,于是双方唇枪舌剑,展开了激烈的斗争。威尔逊旗帜鲜明地指出:"初选已经选出了马丁,立法机关别无选择,只能批准这个选举结果。"史密斯则反诘:"初选不过是开个玩笑而已,马丁也不过得了54000张选票,而你那时在竞选中可是得了233682张选票。没有人把初选当回事。"史密斯显然在以恩人自居,提醒威尔逊别忘了他当初的功劳。威尔逊却毫不示弱:"这绝对不是开玩笑,由谁来充当一任参议员的问题要比新泽西选举人是否有权选择他们的参议员更重要。"这场学者与政客的对局令全国瞩目。

　　新泽西的州议员们虽然渴望结束"市政老板"们的统治,但是政党机器毕竟树大根深,史密斯也毕竟并非等闲之辈,摄于压力,州议员们举棋不定。威尔逊则立场坚决。他鼓励众人:"不要让你们自己被吓倒。你们看到政党机器在那里铸造战壕,好像是真有碉堡。碉堡里好像有真人真枪。走过去摸摸看。那是个纸板房,还有假将军和玩具枪。去用肩膀撞撞,一撞就倒。"由于得不到州长的支持,史密斯最终未能如愿以偿,民主党机器也因此受到了沉重的打击。

　　威尔逊又乘势提出了《杰林法案》,对初选法加以改革,内容包括将候选人提名权从政党机器手中转到人民手中,初选程序要按照严格的法律规定进行等方面。1911年2月15日,威尔逊发表声明指出:"《杰林法案》的目的就是要扫除一切障碍,将对党和选举的全部管理交到选民手里……使政府完全成为人民的政府。"这一声明的发表不啻于是威尔逊向州内党魁发出的严正挑战。它从根本上剥夺了党魁们一直享有的特权,自然招致了后者的群起反对。但是威尔逊精通宪法,他援引宪法条文声明,向立法当局提出立法建议乃是行政当局理应享有的权利。最终《杰林法案》在议会中顺利通过,经威尔逊签署后正式产生法律效力。与选举法改革相关的是出台了一个制止选举舞弊的法案。该法案规定,竞选费用必须公开;禁止接受大公司捐款;由法律规定公职候选人竞选费用最高额;禁止候选人请客送礼;禁止利用选举打赌。上述法案的通过标志着党魁统治在新泽西州的终结,新泽西由此成为美国各州政府中最早进行选举改革的一个。

《职工工伤补偿法》是威尔逊在州长任内推动通过的第三项重要立法。根据这一法案,职工因公负伤时,雇主应该立即作出工伤补偿,同时它还规定职工享有对不履行责任的雇主提出控诉的权力。该法引发了雇主方面的坚决反对。在大公司的影响下,法案的通过在州议会中一度受到拖延。威尔逊充分发挥自身的强项,将事件诉之于公开辩论,并与两党议员共同商量,最终使法案得以顺利通过。除了上述法案外,威尔逊在两年的任期内,还通过城市公用事业委员会立法加强了政府对公用事业公司的监督和制约;通过对州内教育体制的改革改进了学校教学方法并使学生获得了更多的民主权利。市民们在亲眼目睹了威尔逊的一系列改革举措之后,不禁感到欢欣鼓舞,而"市政老板"们则放言:"威尔逊是个危险分子。"新泽西州民主党党魁、州议长欲与威尔逊过不去。他在一次宴会上不怀好意地号召大家为威尔逊祝酒,与会者不解其意,全体起立。议长高喊:"为新泽西州长",人们闻声高擎起酒杯,"一个谎话无边和忘恩负义之人"。议长话音未落,人们缓缓垂下了手,"我自己喝吗?",议长尴尬发问,四座无语,无人附和。可见,威尔逊的改革举措已经为他赢得了民心。

"新自由"

春季的华盛顿特区正是暴风雨多发的季节,而1913年3月4日天气却难得的好。这一天仿佛是天公作美,阳光照耀,气温也很宜人。就在这一天,美国共和党连续当政16年的记录即将成为历史,而威尔逊即将代表民主党人主政白宫。所以,在威尔逊的心中,这个大喜的日子并不轻松。中午,他宣誓就职,并发表了简短的总统就职演说:

> 这并非是胜利的一天,而是奉献的一天。这里所聚集的并非是政党的力量,而是人类的力量。人们的心里在期待着我们;人们的生活前途未卜;人们的希望召唤我们明言我们将何去何从。谁将不负重托?谁敢不全力一搏?我呼吁所有诚实的人,所有爱国的人,所有远见卓识的人,与我同行。上帝助我,只要大家愿予我忠告和支持,我将不负众望。

威尔逊果然不负众望。上任当天,他便践履前言,要求国会参众两院召开特别会议,讨论关税改革事宜。竞选期间,威尔逊曾经不辞劳苦,周游全国,发表了一系列的演说,宣传其"新自由"的竞选纲领,而降低关税率便是"新自由"中最重要的计划之一,它与"银行改革"、"反托拉斯立法"一起构成了"新自由"的核心内容。他向选民们承诺,当选后他将还政于民,取缔托拉斯,恢复自由竞争,实现机会平等。"新自由"并非仅仅是威尔逊为竞选而推出的权宜之计,一朝当选,他便在这面旗帜下进行了大刀阔斧的改革。

关税问题由来已久,自从内战结束时起,分别代表美国不同利益集团的共和党与民主党就始终围绕关税政策争论不休。共和党坚持高额保护税率,以保护美国制造商和一些原料生产者的利益。而民主党则代表南部农业集团的利益,为了能够从国外输入廉价的工业品,他们一直坚决主张自由税率,谴责保护性关税为"托拉斯之母"。由于南北战争结束后执政者长期都是共和党人,所以各届联邦政府基本上都在奉行保护关税的政策。高额保护关税政策虽然刺激了大工业经济的发展,但是却同时加重了消费者的负担。克利夫兰和塔夫脱总统当政时也曾应舆论要求敦促国会立法降低关税,但是却始终未能解决这一难题。

在这种背景下,威尔逊新官上任后的"第一把火"便选择从关税问题烧起。1913年4月8日,威尔逊打破自约翰·亚当斯总统时代起,总统只向国会提出书面咨文的惯例。他亲临国会致词,敦促国会立即行动。他告诉议员们:"从今往后,设定关税的目标必须是有效竞争,是让美国人在与世界各国人的才智竞赛中变得更聪明。"5月8日,降低关税议案在众议院被付与投票表决,并以281∶139的绝对多数得以顺利通过。但是在参议院,这一议案却遭遇了院外游说集团的强大阻力。由于降低关税政策,特别是对食糖和羊毛实行的免税政策在一定程度上触犯了相关企业的利益,所以这些企业便派出了阵容强大的院外游说人员,对与他们有利害瓜葛的参议院施加压力,以期使关税改革议案胎死腹中。5月26日,威尔逊发表公开声明,谴责游说集团"暗中为害","干扰华盛顿"。随后展开的调查则证实,不少参议员的确在相关企业中持有大额股份。在这一形势下,一些参议员不得不表态同意议案。最终,一项被称为"安德伍德—西蒙斯关税法"的法案在1913年10月3日由威尔逊正式签署生效。该法使数百种货物的关税得到了下调,羊毛和棉花制成品的税率减少了一半,对蔗糖、铁矿、生铁、木材以及许多种工业品实行免税,新关税设定的平均税率为29%,较之原税率降低了大约10%,创下了自内战爆发时起美国关税税率的历史最低标准。弥补因关税减免而带来的国库收入损失,国会又应威尔逊的要求制定了一项所得税法案,规定对年收入在4000美元以上者征收1%的所得税,对收入超过20000美元以上者征收最高不超过6%的累进附加税。新税法在一定程度上照顾到了中低收入阶层的实际利益,将部分负担转嫁给了那些有能力承担它的人,使联邦税收结构得到了一定的调整。同时,它也大大提高了美国商品在国际市场上的竞争力,同过去的关税政策相比,该税法的颁布的确是美国税收制度上的一大进步。

  关税改革胜利了,但威尔逊却没有就此止步。6月23日他又一次"造访"国会。这回他是冲银行问题而来。由于缺乏统一而稳固的中央银行制度,金融业的混乱局面由来已久。数万家独立银行各自为政,不仅银行间相互倾轧,而且大银行还在私人的掌控下操纵着国计民生。威尔逊并非是最早认识到货币与银行改革必要性的人,但毫无疑问,他是当时对此贡献最大的一个。随着19世纪末期一次次经济危机的爆发,美国金融体系的弊端也日益明显。由于金融大权完全集中在东部少数私人银行家手中,致使经济危机时期国家难以对金融业采取必要的调整手段,造成了通货无法变通,信贷缺乏适应性的危险局面。深受其害的南部和西部农场主们要求建立统一的白银自由兑换制的呼声不断高涨。金融恐慌的经历使得银行家中也有人开始考虑需要建立一个能够储备资金,以备不时之需的中央银行。罗斯福总统执政时也曾试图有所作为,但是由于种种利害关系的盘根错节,他在这一方面始终没有大的举动,直到威尔逊上任后才终于解决了这一棘手的问题。威尔逊的银行改革出于两个目的:第一,防御经济危机和金融恐慌;第二,打破私人对信贷业的垄断。僵化的金融体制已经远远不能满足美国工业化时期经济发展的旺盛需求。他亲自为新的银行体系规划蓝图并与众议院银行与货币委员会主席卡特·格拉斯反复磋商,由格拉斯于9月9日提出《联邦储备法议案》。九天后,议案在众议院被顺利通过,12月23日,在参议院也经表决批准。两天后,《联邦储备法》经总统签署后正式生效。根据此法,全国被划分为12个区,各区均设一个联邦储备银行,以纽约联邦储备银行为中心,形成一个联邦储备银行体系。联邦储备银行掌握货币发行、贷款和金融管理权力。它只与加入储备体系的银行以及联邦政府发生关系,并不经营一般性业务。《联邦储备法》创立了一种灵活可靠的货币制度,赋予了联邦政府足够的融资便利,并为原本分散的银行家们建立起了一个统一机构,通过其利率的调整和对系统内部银行的监督可以有效避免信贷危机和金融恐慌的发生,从而减少了私人银行、垄断公司对美国商业与财政政策的影响,对稳定和发展美国的经济起到了积极的作用。

《安德伍德—西蒙斯关税法》与《联邦储备法》的通过意味着威尔逊已经实现了新自由纲领中的两大内政改革目标,

但是,威尔逊却并不是一个容易满足的人。1914年1月,他又一次踏进了国会的大门。他要完成他的第三大立法心愿,那就是反托拉斯立法。从19世纪末,庞大的垄断势力就开始掌控了全美的政治经济生活,成为中下层人民的众矢之的。为在竞选中赢得民心,威尔逊曾经利用民众的反垄断情绪,承诺通过立法手段解决托拉斯的问题。但是议员中却有人不以为然,他们认为,既然已经有《舍尔曼反托拉斯法》,而且最高法院也曾经凭借该法作出判决,对美孚石油公司和美国烟草公司两大巨头予以处罚,再立新法实属多此一举。不过威尔逊则立场坚定,他要用新的立法来对垄断巨头们进行更加有效的整饬和管束。在他的坚持下,国会于1914年10月最终通过了新的立法——《克莱顿反托拉斯法》。该法对不公正的商业行为作了概念上的界定,并明确宣布其为非法行为,该法的条款中包括禁止商业行为中的价格歧视;禁止资金超过100万美元并从事州际商业活动的公司互兼董事;禁止拥有500万美元以上存款的银行董事兼任其他银行的董事或者高级职员。该法不仅对托拉斯的行为有所限制,还对劳工利益有所考虑,它规定工会及农民组织不适用上述条款,禁止在劳资纠纷中滥施禁令压制罢工,并且承认工人罢工的合法性。为保证该法的有效实施,威尔逊还特别为此成立了联邦贸易委员会,希望藉此来限制垄断,保证公平的竞争。《克莱顿反托拉斯法》的通过既是大势所趋,也是威尔逊顺应民意的结果,使深受垄断之苦的民众看到了希望的曙光。

结束语 一个意想不到的落幕式

1914年,正当美国国内的各项社会改革运动进行得如火如荼之时,欧洲上空已是阴霾笼罩,频繁的外交和军事结盟活动令那里战云密布,战争的步伐正在一步步逼近,遥远的大洋彼岸正在传出一种不祥之兆。1917年美国的参战,导致一场轰轰烈烈的改革运动骤然落幕,这可能出乎许多改革派的意料之外。

从欧洲迅速蔓延开来的熊熊战火最终将全球拖入了一场史无前例的战争深渊,而美国人却从中抓住了前所未有的发展机遇。他们开始调整思路,及时将关注的焦点从国内改革转向了国际事务。为了自身的利益,美国政府在战争初期扮演了中立角色,而到最后却毅然投入其中。一战前期,休战之日遥遥无期,战争前景晦暗难察,美国不便过早选择立场。借着中立的身份,美国资本家正好可以向交战双方大量出售生活及军需物资,赚得钱袋充盈;战争后期,美国已经

"好人"难当,对于美国的暧昧态度交战双方都多有抱怨,美国很难继续在同盟国与协约国之间踩跷跷板。而且,经历了近四载的较量,强弱之分已经日渐明朗。于是,美国适时亮出立场,从当年的"和事佬"摇身变成了"正义之师",而终极目标则是当上巴黎和会的战胜国和战后世界新秩序的主宰者,更希望可以在国际政治经济军事舞台上制定全世界必须遵守的游戏规则。

就这样,随着美国人对战争关注的热情急剧升温,美国国内的改革热情便在第一次世界大战的隆隆炮声中渐行渐远,最终完全消散于弥漫的战火和硝烟之中。第一次世界大战的爆发成为美国进步主义运动的一个独特的落幕式。

当然,进步主义运动的衰落不会仅仅是因为那场远在美国国土之外的战争,更主要的还是因为进步主义改革本身确实已经取得了一定的成效。从19世纪末"黑幕揭发运动"初露端倪,到1917年美国人在威尔逊总统的领导下直接投入战争,美国国内的进步主义运动已经持续开展了相当长的时间。在民间和政府改革派人士的大力推动下,大规模的改革举措在改进美国社会的政治、经济、文化状况方面显现出了一定的效果:自然资源得到了保护,大企业的行为受到了政府的约束,劳工的处境得到了改善,激进主义运动得到了抑制,妇女儿童问题受到了关注,社会利益分配格局有所调整。总之,随着美国社会自我调节和修复机制的加强,社会内部的各种关系得到了一定程度的调整,中下层的愿望和要求得到了部分满足,各种利益冲突和阶层矛盾日趋缓和,公众要求改革的呼声也便相应的逐渐平息下去。

进步主义运动最终退出了美国的历史舞台,因为它已经完成了自己的历史使命。但是,进步主义精神却在美国社会中常驻不衰,进步主义传统惠及此后一代又一代的美国人。

进步主义运动以一种"自下而上"的改革模式为美国人指出了一条颇有成效的发展之路,也为人类社会的政治治理留下了一份宝贵的历史遗产。如前所述,尽管进步主义改革具有全国性的规模和全方位的内容,但是它却并非一场有固定的时间、地点、组织形式、运动纲领和具体行动方式的运动,而是当时各种社会、政治和经济改革的总称。它是一次自发的改革运动,改革的诉求起自民间,通过各种中产阶级民间团体和热心人士的奔走呼吁而上达政府,并最终推动政府采取了行动。

这一模式告诉人们:19世纪末20世纪初,美国社会汹涌澎湃的劳工运动等各种底层抗议斗争行为之所以最终并未演化为暴力革命,没有威胁到美国现存的社会制度,在很大程度上在于民众、中产阶级社会精英和美国政府三方面的共同努力与配合。在那样一个非常态的社会中,由于大企业操纵了国家的经济和政治命脉,以移民与劳工为主的美国社会底层,当然也就是对社会不公正感觉最强烈,受大企业之害最深,最可能产生不满心理,最需要表达公正诉求的群体。然而,无论就他们的社会地位与话语权利,还是就他们自身的教育程度与表达能力而言,他们在国家公共生活中都并不占有任何优势。所以,他们需要一个有力的代言人和一个能使社会了解其心声的畅通信息渠道,而中产阶级社会精英们则主动承担起了这一历史使命。当时的新闻记者、宗教界人士和社会工作者等众多有识之士通过他们的刊物、教堂和"社会服务处"等组织机构架起了沟通民众与政府的桥梁。

一方面,他们深入民间体察民瘼,了解底层的诉求;另一方面,他们又利用自身的知识、影响力和职业便利向政府及时传递底层的愿望与自身对国计民生的关注。令美国人值得庆幸的是,在当时的各级政府中也出现了一批像罗斯福总统和威尔逊总统那样富于远见卓识的政治家。在大规模的有组织的劳工运动愈演愈烈的形势下,他们没有简单粗暴地加以镇压,从而避免了流血冲突和矛盾的进一步激化。相反,他们保持了清醒的政治头脑,在政策选择中超越了少数大企业的局部利益而顾全大局。他们着手推动立法建设,通过健全法律来管束不法竞争行为,调整社会关系,建立社会福利保障体系,从而将底层的不满情绪逐步转化为一种有利于社会发展的民众资源和推动体制内改革的良性动力。历史是一面镜子,它为人类提供了许多值得借鉴的宝贵经验,而美国进步主义的改革模式为许多处于转折关口的国家提供了一个颇具启迪意义的历史参照。

进步主义改革初步确立了美国政府对经济关系和社会关系的直接干预。从罗斯福总统到威尔逊总统,美国政府在进步主义政治领袖的带领下,通过一系列的行政、立法与司法改革,使政府部门间的权力结构发生了明显的变化,行政权力被扩大,总统的意愿在立法过程中得以更加充分的体现,美国政府中长久盛行的"国会强,总统弱"的固有权力格局被打破,"总统权力中心"的"大政府"形象开始走入人们的视野。

可以说,进步主义运动首先让美国人在政治上变得更聪明起来。他们进一步懂得了政府的作用,学会了如何更好地发挥政府的社会管理和调节职能,形成了由政府调节经济和干预经济生活的传统。此后,每遇非常时期,他们更加善于发挥政府的作用:1917年4月6日,美国国会在威尔逊总统的要求下对德宣战,成为第一次世界大战的后来者。为了确保取得战争的胜利,美国政府对国内的工商业、交通运输业和财政金融等实行了全面调控,确保了参战的人力、物力和财力需要,显示了"大政府"的威力;1929年10月24日被称为美国历史上的"黑色星期四",因为就在这一天,华尔街股价狂跌。极度恐慌的股民们大量抛售手中的股纸,摩根等金融巨头们虽然大量买进,但是终究回天乏术。就像是多米诺骨牌的效应一样,股灾迅速引起了银行危机,旋即便将整个国家带入了日益深重的经济大萧条之中。富兰克林·罗斯福总统临危受命,从胡佛手中接过了拯救国家的重担。面对全社会抗议的怒潮,他向民众保证,他将实施"新政",带领他们战胜危机,走向光明。罗斯福总统践履前言,以强势作风空前扩大行政权力,通过推行"新政"再次发扬了进步主义的传统。

  进步主义运动更加重要的意义还在于,它使美国人看到了进步与正义、自由与秩序的关系,将社会责任引入了美国的民主政治。这次改革用事实告诉美国人一个朴素的道理,那就是:正义意味着进步,只有首先实现社会公正,才会有社会各阶层的和谐相处,也才能企盼国富民强,社会繁荣发展。因为整个社会就像一艘巨轮,乃是一个不可分割的整体。既然同在一条船上,各阶层间必然休戚相关。无论为己还是为人,人们都不得不承担一种连带责任。在一个复杂的现代工业社会中,如果一味强调个人主义和自由放任思想,必然导致强势者对弱势群体利益的侵害,引起社会各阶层间矛盾的激化和一系列的相关问题,不仅恃强凌弱者是在自酿苦酒,最终还会连带整个社会不得不为少数人的自由放任行为"埋单",一个混乱无序的社会当然不会是一个可持续发展的有机体。进步主义改革用无以辩驳的事实向人们显示:面对强大的私人财富以及少数富有者日益膨胀的权力,只有依靠政府的介入和组织起来的力量,才能在实现社会有序运行的前提下维护公众的自由与权利。无论是在公共对话还是政府决策中,都需要用社会责任意识去平衡已经走向极端的个人主义。如果任由少数人滥用自由而不加管束,其结果必然会以损害社会整体利益为代价。社会公平理论启示人们,只有关心全社会的利益才有望维持社会的和谐与稳定,这个信念才是昔日改革留给人们的最宝贵财富。

时至今日,第一次世界大战早已成为尘封的往事,当年轰轰烈烈的美国进步主义运动也已经湮没在烟波浩渺的历史长河里。但是,善于思考的人们却无法将它从记忆中抹去。因为,它给予了人们太多的经验、教训和启示。这段历史值得人们永远铭记。

工业化是人类历史进程中飞跃性的进步,科学技术的日新月异和物质财富的极大丰富曾经为人类展示了一幅神话般美好的生活图景。然而,令当时人始料未及的是,当他们尽情享受高楼、汽车、华服、美食的新时代城市生活之时,他们的周围却正隐藏着种种灾难和危机。有人还在贫困中挣扎度日;大自然开始为遭到人类的无情践踏而伺机报复;人类还远未实现永久的和平。总之,人类在取得进步的同时也在为进步付出沉重的代价。他们亲手铸造的一柄柄"达摩克斯"利剑,寒光闪闪,威胁着自身的生存与发展。人类理应追求发展,但却不应放纵为发展而不顾一切的本性;人类理应享受文明的成果,但却不应忘记时时反思与检讨自身行为的必要;人类要发展,最少不了的就是一双洞悉历史与时代的慧眼。

参考书目

英文书籍

[1] Abell, Aaron Ignatius. *The Urban Impact on American Protestantism 1865—1900*, Hamden: Archon, 1962.

[2] Addams, Jane. *Twenty years at Hull House*, New York: Penguin Books, 1998.

[3] Ahlstrom, Sydney E. *A Religious History of the American People*, New Haven: Yale University Press, 1972.

[4] Arthur, Anthony. *Radical Innocent: Upton Sinclair*, New York: Random House, 2005.

[5] Baker, James T. *Andrew Carnegie, Robber Baron As American Hero*, Belmont: Wadsworth Group, 2003.

[6] Baker, Ray Stannard. *Woodrow Wilson: life and letters*, New York: Doubleday, Page & Co., 1927.

[7] Barrett, James R. *Work and Community in the Jungle: Chicago's*

Packinghouse Workers 1894—1922, Illinois: University of Illinois Press, 1990.

[8] Bates, James Leonard. *The United States 1898—1928: Progressivism and A Society in Transition*. New York: McGraw-Hill, Inc. , 1976.

[9] Bellamy, Edward. *Looking Backward*, New York: Dover publications, INC. , 1996.

[10] Blackburn, Joyce. *Theodore Roosevelt, Naturalist Statesman*, Grand Rapids, Michigan: Zondervan Publishing House, 1967.

[11] Brady, Kathleen. *Ida Tarbell: Portrait of a Muckraker*, University of Pittsburgh Press, 1984.

[12] Bremner, Robert H. *From the Depths: the Discovery of Poverty in the United States*, New York: New York University Press, 1956.

[13] Brecher, Jeremy. *Strike!*, San Francisco, Straight Arrow Books, 1972.

[14] Bishop, Joseph Bucklin. *Theodore Roosevelt and His Time, Shown in His Own Letters*, vol. 1, New York: Charles Scribner's Sons, 1920.

[15] Buckham, John Wright. *Progressive Religious Thought in America: A Survey of The Enlarging Pilgrim Faith*, Boston: Houghton Mifflin Co. , 1919.

[16] Burgchardt, Carl R. *Robert M. La Follette, SR. , the Voice of Conscience*, New York: Greenwood Press, 1992.

[17] Burton, David H. *The Learned Presidency: Theodore Roosevelt, William Howard Taft, Woodrow Wilson*, Rutherford, N. J. : Fairleigh Dickinson University Press, 1988.

[18] Carnegie, Andrew. *The Gospel of Wealth*, Massachusetts: Harvard University Press, 1962.

[19] Carson, Mina. *Settlement Folk: Social Thought and the American Settlement Movement, 1885—1930*, Chicago: the University of Chicago Press, 1990.

[20] C. Beach, James. *Theodore Roosevelt, Man of Action*, Champaign, Illinois: the Garrard Press, 1960.

[21] Colburn, David R. , George E. Pozetta. *Reform and Reformers in the Progressive Era*, Connecticut: Greenwood Press, 1983.

[22] C. Holden, Arthur. *The Settlement Idea: A Vision of Social Justice*, New York: The Macmillan Company, 1922.

[23] C. Kochersberger, Jr. Robert. *More than a Muckraker: Ida Tarbell's Lifetime in Journalism*, Knoxville: the University of Tennessee Press, 1994.

[24] Commager, Henry Steele. *The American Mind: an Interpretation of American Thought and Character Since The 1880's*, New Haven: Yale University Press, 1950.

[25] Conn, Harvie M. *The American City and the Evangelical Church*, Grand Rapids, MI: Baker Books, 1994.

[26] Cooper, John Milton JR. *The Warrior and the Priest-Woodrow Wilson and Theodore Roosevelt*, Massachusetts: The Belknap Press of Harvard University Press, 1983.

[27] Crocker, Ruth Hutchinson. *Social Work and Social Order: The Settlement Movement in Two Industrial Cities, 1889—1930*, Urbana and Chicago: University of Illinois Press, 1992.

[28] Crunden, Robert M. *Ministers of Reform: The Progressives' Achievement in American Civilization 1889—1920*, Chicargo: University of Illinos Press, 1982.

[29] Curtis, Susan. *A Consuming Faith*, Baltimore: Johns Hopkins University Press, 1991

[30] Cutright, Paul Russell. *Theodore Roosevelt, the Making Of A Conservationist*, Chicago: University of Illinois Press, 1985.

[31] C. Regier, C. *The Era of the Muckrakers*, the University of North Carolina Press, 1932.

[32] Croly, Herbert. The Promise of American Life, New York: Macmillan, 1914.

[33] Croly, Herbert. *Progressive Democracy*, Brunswick, New Jersey: Transaction Publishers, 1998.

[34] Crunden, Robert M. *Ministers of Reform: The Progressives' Achievement in American Civilization 1889—1920*, Chicago: University of Illinos Press, 1982.

[35] Davis, Allen F. *American Heroine*, London: Oxford University Press, 1973.

[36] Davis, Allen F. *Spearheads for Reform: the social settlements and the progressive movement*, 1890—1914, New York: Oxford University Press, 1967.

[37] Dell, Floyd. *Upton Sinclair: a Study in Social Protest*, New York: Albert and Charles Boni, 1927.

[38] Dinner, Steven J. *A Very Different Age: Americans of the Progressive Era*, New York: Hill and Wang, 1998.

[39] Divine, Robert A. T. H. Breen, George M. Fredrickson, *America, Past and Present*, vol2, Illinois: Scott, Foresman and Company, 1986.

[40] Doan, Edward N. *The La Follettes and the Wisconsin Idea*, New York, Toronto: Rinehart & Company, INC. , 1947.

[41] Dobson, John M. *A History of American Enterprise*, Englewood Cliffs, N. J. : Prentice Hall, 1988.

[42] Dorsett, Lyle W. *The Challenge of the City, 1860—1910*, Lexington: D. C. Heath and Company.

[43] Dewey, John. *Individualism: old and new*, New York: Minton, Balch & Company, 1930.

[44] Dewey, John. *Reconstruction in Philosophy*, New York: H. Holt and Company, 1920.

[45] Dodd, William E. *Woodrow Wilson and His Work*, New York: Peter Smith, 1932.

[46] Dorsett, Lyle w. *Problems in American Civilization: the Challenge of*

the City, Lexington: D. C. Heath and Company, 1968.

[47] Ely, Richard T.. *Ground Under Our Feet: An Autobiography*, New York: Macmillan, 1938.

[48] Faulkner, Harold U. *The Decline of Laissez Faire: 1897—1917*, New York: M. E. Sharpe, Inc., 1951.

[49] Faulkner, Harold Underwood. *The Quest for Social Justice: 1898—1914*, New York: the Macmillan company 1931.

[50] Feffer, Andrew. *The Chicago Pragmatists and American Progressivism*, Ithaca and London: Cornell University Press, 1993.

[51] Filler, Louis. *The Muckrakers, Crusaders For American Liberalism*, University Park: Pennsylvania State University Press, 1976.

[52] Fleming, Alice. *Ida Tarbell: First of the Muckrakers*, New York: Thomas Y. Crowell Company, 1971.

[53] Gladden, Washington. *Christianity and Socialism*, New York: Eaton & Mains, 1905.

[54] Gladden, Washington. *Tools and the Man, Property and Industry Under the Christian Law*, Boston and New York: Houghton, Mifflin and Company, 1893.

[55] Gladden, Washington. *Working People and Their Employers*, Boston: Lockwood, Brooks, and Company, 1876.

[56] Gladden, Washington. *Applied Christianity: Moral Aspects of Social Questions*, Boston: Houghton Mifflin, 1887.

[57] Gladden, Washington. *Recollections*, Boston: Houghton Mifflin, 1909.

[58] Gorrell, Donald K. *The Age of Social Responsibility: The Social Gospel In The Progressive Era, 1900—1920*, Macon, Ga.: Mercer University Press, 1988.

[59] Gould, Lewis L. *Reform and Regulation, American Politics From*

Roosevelt to Wilson, New York: Alfred A. Knopf, 1986.

[60] Gould, Lewis L. *America in the Progressive Era, 1890—1914*, London: Person Education Limited, 2001.

[61] Graham, William C. *Half Finished Heaven: the Social Gospel in American Literature*, Lanham: University Press of America, Inc. 1995.

[62] Greenbaum, Fred. *Robert Marion La Follette*, Boston: Twayne Publishers, 1975.

[63] Groundahl, Paul: *I Rose Like a Rocket, the Political Education of Theodore Roosevelt*, New York: Free Press, 2004.

[64] Handlin, Oscar. *Theodore Roosevelt and the Politics of Power*, Boston: G. K. Hall & Co. 1969.

[65] Handy, Robert T. *The Social Gospel in America, 1870—1920*, New York: Oxford University Press, 1966.

[66] Harbaugh, William Henry. *The Life and Times of Theodore Roosevelt*, New York: Collier Books, 1967.

[67] Harris, Leon. *Upton Sinclair: American rebel*, New York: Thomas Y. Crowell Company, 1975.

[68] Harbaugh, William H. *The Writings of Theodore Roosevelt*, Indianapolis and New York: the Bobbs-Merrill Company, INC. , 1967.

[69] Hofstadter, Richard. *Social Darwinism in American Thought*, Boston: Beacon Press, 1992.

[70] Hofstadter, Richard. *The Age of Reform: From Bryan to F. D. R*, New York: Knopf, 1989.

[71] Hopkins, Charles Howard *The Rise of The Social Gospel in American Protestantism 1865—1915*. New Haven: Yale University Press, 1967.

[72] Hudson, Winthrop S. *The Religion in America*, New York: Scribners, 1981.

[73] Hudson, Winthrop S. *Walter Rauschenbush*, New York: Paulist

Press, 1984.

[74] Hunter, Robert. *Poverty, Social Conscience in the Progressive Era*, New York: Harper Torchbooks, 1965.

[75] J. Cook, Fred. *The Muckrakers*, New York: Doubleday & Company, Inc. 1972.

[76] Josephson, Matthew. *The Robber Barons: The Great American Capitalists, 1861—1901*, New York: Harcourt, Brace and Company, 1934.

[77] Knudten, Richard D. *The Systematic Thought of Washington Gladden*, New York: Humanities Press, 1968.

[78] Lambert Harte, James. *This is Upton Sinclair*, Emmaus Pa. Rodale Press, 1938.

[79] La Follette, Robert. M. *La Follette's Autobiography*, Madison: Robert. M. La Follette Co. , 1918.

[80] Link, Arthur S. *The Papers of Woodrow Wilson*, Princeton: Princeton University Press, 1966.

[81] Link, Arthur S. *Wilson: the Road to the White House*, New Jersey: Princeton University Press, 1947.

[82] Link, Arthur S. *Woodrow Wilson and the Progressive Era, 1910—1917*, New York: Harper & Row Publishers, 1954.

[83] London, Jack. *Letter to Appeal to Reason*, Fred Warren: *Appeal to Reason*, Kansas:. A. Wayland, November 18, 1905.

[84] Maxwell, *Robert S. La Follette*, Englewood Cliff, New Jersey: Prentice-Hall, Inc. , 1969.

[85] May, Henry F. *Protestant Churches and Industrial America*, New York, Evanston and London: Harper & Row Publishers, 1967.

[86] *McClure's Magazine*, Vol. V, June, 1895 to November, 1895, New York and London: S. S. McClure, Limited, 1895.

[87] McClure, S. S. *My Autobiography*, New York: Frederick A. Stokes,

1913.

[88] McGerr, Michael. *A Fierce Discontent, the Rise and Fall of the Progressive Movement in America, 1870—1920*, New York: Free Press, 2003.

[89] Mohl, Raymond A. *The New City: Urban America in the Industrial Age*, 1860—1920, Arlington Heights, Illinois: Harlan Davidson, 1985.

[90] Morris, Edmund. *The Rise of Theodore Roosevelt*, New York: Coward, McCann & Geoghegan, Inc. , 1979.

[91] Mott, Frank Luther. *History of American Magazines, 1885—1905*, Massachusetts: The Belknap Press of Harvard University, 1957.

[92] Mowry, George E. *The Era of Theodore Roosevelt and the Birth Of Modern America, 1901—1912*, New York and Evanston: Harper and Row, Publishers 1958.

[93] Muncy, Robyn. *Creating A Female Dominion in American Reform*, 1890—1935, New York: Oxford University Press, 1991.

[94] Morrison, Elting. *The Letters of Theodore Roosevelt*, Cambridge, Mass: Harvard University Press, 1951—1954.

[95] O'Neill, William L. *The Progressive Years*, New York: Dodd, Mead & Company, 1975.

[96] Rader, Benjamin G. *The Academic Mind and Reform, the Influence of Richard T. Ely in American Life*, Lexington: University of Kentucky Press, 1966.

[97] Roosevelt, Nicholas. *Theodore Roosevelt, the Man As I Knew Him*, New York: Dodd, Mead & Company, 1967.

[98] Rauschenbush, Walter. *Christianizing the Social Order*, New York: the Macmillan Company, 1919.

[99] Rauschenbush, Walter. *A Theology for the Social Gospel*, Kentucky: Westminster John Knox Press, 1997.

[100] Rauschenbush, Walter. *Christianity and the Social Crisis*, New

York, Evanston, London: Harper & Row, Publishers, 1964.

[101] Rauschenbush, Walter. *The Righteousness of The Kingdom*, Naslivlle & New York: Abingdon Press, 1968.

[102] Riss, Jacob. *How the Other Half Lives*, New York: C. Scribner's, 1897.

[103] Roosevelt, Theodore. "*Object of our forest policy is making of prosperous homes*", an address to the Society of American Foresters, Washington D. C., March 26, 1903.

[104] Roosevelt, Theodore. "*Forestry and Foresters*", an address to United States Department of Agriculture, Bureau of Forestry, Circular No. 25, Washington D. C., Jane 6, 1903.

[105] Roosevelt, Theodore. *Social Justice and Popular Rule*, New York: Charles Scribners's Sons, 1925.

[106] Roosevelt, Theodore. *An Autobiography*, New York: Charles Scribners Sons, 1920.

[107] Roosevelt, Theodore. *The Autobiography of Theodore Roosevelt*, New York: Charles Scribners Sons, 1958.

[108] Roosevelt, Theodore. *Progressive Principles*, New York: Progressive National Service, 1913.

[109] Schlesinger, Arthur Meier. *The Rise of the City, 1878—1898*, New York: the Macmillan Company, 1933.

[110] Shannon, David A. *The Progressive Era*, Chicago: Rand McNally College Publishing Company, 1974.

[111] Shannon, William V. "The Age of the bosses", John A. Garraty: *Historical Viewpoints: Notable Articles from American Heritage*, New York: Harper & Row, publishers, 1975.

[112] Shapiro, Herbert. *The Muckrakers and American Society*, Boston: D. C. Heath and Company, 1968.

[113] Sinclair, Upton. *1878—1968: The autobiography of Upton Sinclair.*

[monograph], New York: Harcourt, Brace & World, 1962.

[114] Sinclair, Upton. *My Lifetime in Letters*, Missouri: University of Missouri Press, 1960.

[115] Sinclair, Upton. *The Jungle*, Chicago: University of Illinois Press, 1988.

[116] Spencer, Herbert. *Social Statics*, New York: D. Appleton, 1896.

[117] Stave, Bruce M. and Sondra Astor Stave: *Urban Boss, Machines, and Progressive Reformers*, Malabar, Florida: Robert E. Krieger, 1984.

[118] Stebner, Eleanor J. *The Women of Hull House*, New York: State University of New York, 1997.

[119] Steffens, Lincoln. *The Autobiography of Lincoln Steffens*, New York: Harcourt, Brace and Company, 1931.

[120] Steffens, Lincoln. *The Shame of the Cities*, New York: Hill and Wang, 1957.

[121] Strong, Josiah. *Our Country: Its Possible Future and its Present Crisis*, New York: the American Home Missionary Society, 1885.

[122] Sullivan, Mark. *The Education of an American*, New York: Doubleday, Doran & Co., Inc., 1938.

[123] Sullivan, Mark. *Our Times: the United States, 1900—1925*, Vol. 2, *America Finding Herself*, New York: Charles Scribner's Sons, 1927.

[124] Tarbell, Ida. *The History of the Standard Oil Company*, vol. 2, New York: McClure Phillips & Co., 1904.

[125] Tarbell, Ida. *All in the Day's Work*, an Autobiography, New York: the Macmillan Company, 1939.

[126] Thelen, David P. *Robert M. Lafollette and the Insurgent Spirit*, Boston, Toronto: Little, Brown and Company, 1976.

[127] Thelen, David P. *The New Citizenship: Origins of Progressivism in Wisconsin, 1885—1900*, Columbia, Missouri: University of Missouri Press, 1972.

[128] Thompson, John A. *Woodrow Wilson*, London: Pearson Education Limited, 2002.

[129] Thorsen, Niels Aage. *The Political Thought of Woodrow Wilson, 1875—1910*, New Jersey: Princeton University Press, 1988.

[130] Tilman, Rick. *Thorstein Veblen and His Critics, 1891—1963*, New Jersey: Princeton University Press, 1992.

[131] Tomkins, Mary E. *Ida M. Tarbell*, New York: Twayne Publishers, Inc. , 1974.

[132] Trolander, Judith Ann. *Professionalism and Social Change: From the Settlement House Movement to Neighborhood Centers 1886 to the present*, New York: Columbia University Press, 1987.

[133] *The Annals of America*, Chicago: Encyclopedia Britannica, INC. , 1976.

[134] Veblen, Thorstein. *The Theory of the Leisure Class*, An Economic Study of Institution, New York: the Macmillan Company, 1917.

[135] Unger, Nancy C. *Fighting Bob La Follette, the Righteous Reformer*, Chapel Hill: the University of North Carolina Press, 2000.

[136] Walworth, Arthur. *Woodrow Wilson*, vol. 1, New York: Norton, 1978.

[137] Warren, Landon H. *Reforming American Life in the Progressive Era*, London: Pitman Publishing Cor. , 1971.

[138] Westbrook, Robert B. *John Dewey and American Democracy*, Ithaca and London: Cornell University Press, 1991.

[139] Ward, Lester F. *Dynamic sociology or applied social science*, New York: D. Appleton & Company, 1897.

[140] Weinberg, Arthur and Lila. *The Muckrakers, The Era in Journalism That Moved America to Reform-the Most Significant Magazine Articales of 1902—1912*, New York: Capricorn Books, 1964.

[141] White, Jr. , Ranold C. and C. Howard Hopkins. *The Social Gospel, Religion and Reform in Changing America*, Philadelphia: Temple University

Press,1976.

[142] Wiebe,Robert. *The Search for Order*,1877—1920,New York:Hill and Wang,1967.

[143] Wilson,Woodrow. *Congressional government:a study in American politics*, Boston; New York:Houghton,Mifflin Co. ,1885.

[144] Wilson,Woodrow. *The New Freedom*, Englewood Cliffs, N. J. : Prentice-Hall,1961.

[145] Witt,Benjamin Parke De. *The Progressive Movement*,Seattle:University of Washington Press,1968.

[146] Woods,Robert A. and Albert J. Kennedy. *The Settlement Horizon*, New York:Russell Sage Foundation,1922.

[147] Yoder,Jon A. *Upton Sinclair*,New York:Fredrick Ungar Publishing Co. ,1975.

中文书籍、论文

[1] 查尔斯·爱德华·梅里亚姆:《美国政治思想,1865—1917》,北京:商务印书馆1984年版。

[2] 赫伯特·斯宾塞:《社会静力学》(英国威廉斯—诺盖特公司1902年版),张雄武译,北京:商务印书馆1996年版。

[3] 李剑鸣:《大转折的年代——美国进步主义运动研究》,天津:天津教育出版社1992年版。

[4] 李剑鸣:《伟大的历险——西奥多·罗斯福传》,北京:世界知识出版社1994年版。

[5] 李剑鸣:《西奥多·罗斯福的史学成就》,《历史教学》1992年第8期。

[6] 李剑鸣:《西奥多·罗斯福的新国家主义》,《美国研究》1992年第1期。

[7] 纳尔逊·曼弗雷德·布莱克:《美国社会生活与思想史》,北京:

商务印书馆 1997 年版。

[8] 孙有中:《美国精神的象征:杜威社会思想研究》,上海:上海人民出版社 2002 年版。

[9] 伍德罗·威尔逊:《国会政体:美国政治研究》,北京:商务印书馆 1986 年版。

[10] 肖华锋:《美国黑幕揭发运动研究》,上海:上海三联书店 2007 年版。

网上资源

[1] http://www.voanews.com/chinese/archive/2005-02/l2005-02-01-voa72.cfm,法律窗口:三角火灾和劳动安全法(*Tiangle Fire and Workplace Safety Laws*),记者:亚薇,华盛顿报道,Feb 1,2005.

[2] http://en.wikipedia.org/wiki/What_would_Jesus_do%3F,*What would Jesus do?*

[3] http://books.google.com/books?id=cHVIAAAAMAAJ&dq=in+his+steps,*In His Steps*:"*What Would Jesus Do?*" By Charles Monroe Sheldon, Published by Advance Pub. Co.,1897,Original from the University of Michigan,Digitized Sep 6,2007,282 pages.

[4] http://en.wikipedia.org/wiki/Gospel,*Gospel*.

[5] http://www.famousamericans.net/samuelslater/

[6] http://en.wikipedia.org/wiki/Samuel_Slater

[7] http://www.cottontimes.co.uk/slater.htm

[8] http://humanachievements.blogspot.com/2005/09/eli-whitney-and-industrialization-of.html,*Eli Whitney and the Industrialization of America*,By Shrikant Rangnekar.

[9] http://www.kidsnewsroom.org/elmer/infoCentral/frameset/inventors/whitney/page4.html

[10] www.americanheritage.com/articles/web/2005102...

[11] www. etsu. edu/. . . /StudentFrom1877/SChapter17. htm

[12] www. nndb. com/people/294/000027213/

[13] www. britannica. com/EBchecked/topic – art/580223. . .

[14] www. america. gov/st/washfile – chinese/2007/Sept

[15] i. ucc. org/. . . /UCCFirsts/tabid/84/Default. aspx

[16] spider. georgetowncollege. edu/. . . /kpotter/

[17] www. raptureready. com/. . . /sheldon/sheldon. html

[18] www. swarthmore. edu/. . . /janeaddams/hullhouse. htm

[19] www. vermario. com/wiki/doku. php/lloyd_e_croly

[20] www2. jsonline. com/. . . /jan00/bellamy010600. asp

[21] www. treehugger. com/. . . /01/what_if_darwin_1. php

[22] commons. wikimedia. org/wiki/Image:Herbert_Spen

[23] www. brocku. ca/. . . /Timeline/ASAPresidents. html

出版后记

2003年4、5月间,正是北大出版社"人文社会科学是什么丛书"热销阶段,一位著名的大学社社长问我,现在你最想做的书是什么?当时,我毫不犹豫地回答道:"历史系列丛书。"这位社长眼睛一亮,然后又接着问我,"你能告诉我为什么吗?"我几乎不假思索地说:"历史大部分是人物,是事件,可以说历史就是故事(内在地说,历史就是人生),所以历史系列丛书具有天然的大众性。另一方面,同个人要进步、要发展一定要吸取自己走过的路的经验教训,同时要借鉴他人的经验教训一样,我们的民族要进步,国家要发展一定要反省自己的历史,一定要睁眼看世界;消除我们封闭的民族心理和缺乏自省的国民性,有赖于读史。"记得当时他赞同地点了点头。

北大出版社年轻的一代领导者,摒弃急功近利的短期行为,以出版家的眼光和文化担当意识,于2005年决定成立综合室,于学术著作、教材出版之外,确定学术普及的出版新路向,以期在新时期文化建设中尽北大出版人的一点力量。这样,我的这个想法有了实现的可能性。但是新的问题又来了。其时,社长任命我为综合室的主任,制定综合室的市场战略、十年规划、规章制度、带队伍,日常管理,催稿、看稿、复审等等事务,使我无暇去实现这个选题设想。综合室的编辑都是非常敬业、积极上进的。闵艳芸是其中的一位,作为新编辑,她可能会有这样或那样的一些不成熟的地方,但是我欣赏她的出版理念和勇于开拓的精神。于是,我把"历史系列丛书"的执行任务交给她,她从选定编委会主任、组织编委会议到与作者沟通、编辑书稿,做了大量的工作,可以说没有她的辛勤工作,这套选题计划不可能如期实现。

  钱乘旦老师是外国史领域的著名专家,让我惊异的是他对出版业又是那样的内行,他为我们选择了一批如他一样有着文化情怀及历史责任感的优秀学者作为编委,并与编委一起确定了具体选题及作者,同时他还依照出版规律对编委和作者提出要求。钱老师不愧是整个编委会的灵魂。

  各位编委及作者在教学、科研、组织和参加会议等大量的工作之外,又挤时间指导和写作这套旨在提高国民素质的小书,并且在短短的一年中就推出了首批图书,效率之高令我惊异,尤令我感动。

  编辑出版"未名外国史丛书"是愉快、激动的心路历程。我想这是一批理想主义者自我实现的一次实践,相信丛书带给国民的是清凉的甘泉,会滋润这个古老民族的久已干涸的心田……

杨书澜
2008 年 12 月 7 日于学思斋

外国史丛书

书　目

美国改革的故事
1917年俄罗斯纪事
哈里发国家的沉浮
玛雅人的后裔
五百年欧洲陆军战争变化
美第奇的世界与文艺复兴
　　时期的佛罗伦萨
东京审判
非洲古国探源
格拉布街的故事
猎巫运动
沙龙女主人
苏美尔：文明的起源
威尼斯之谜
怎么办——19世纪俄国知
　　识分子的心路历程
中产阶级的良心
西欧骑士的故事
亨利八世的婚姻与政治
教皇制度
罗马军团
美国立宪的故事
美国食品安全制度的由来
奴隶贸易与西方的兴起
切诺基部落的兴衰

犹太人的历史
伊斯坦布尔的日月星辰
波罗行动
克伦威尔和他的时代
蓝盔部队
法老的咒语
白江口之战
江户时代
近代天皇与天皇制
查理一世之死
亨利四世与法兰西重建
60年代的伯克利
汽车与现代社会
动物改变世界：海狸、毛皮贸易
　　与北美开发
大航海时期的欧洲水手
普鲁士国家
猫王与甲壳虫乐队
尼赫鲁家族与20世纪印度政治
船舰与海权
作物改变世界：玉米、烟草、棉花
　　与现代文明
动物改变世界：海狸、毛皮贸易
　　与北美开发